DIW BERLIN

2

AF854651

Vierteljahrshefte zur Wirtschaftsforschung 2.2021

Dieses Mal ist alles anders! Coronakrise und KMU-Finanzierung

Duncker & Humblot · Berlin

DIW Berlin – Deutsches Institut
für Wirtschaftsforschung e. V.

Mohrenstraße 58, 10117 Berlin
Tel. +49-30-8 97 89-0
Fax +49-30-8 97 89-200
www.diw.de

VERLAG DUNCKER & HUMBLOT GMBH
Carl-Heinrich-Becker-Weg 9
12165 Berlin

GESTALTUNG
Edenspiekermann

SATZ UND TECHNISCHE REDAKTION
3w+p GmbH, Rimpar

DRUCK
2021 bei CPI buchbücher.de gmbh, Birkach

Printed in Germany

Gedruckt auf FSC-zertifiziertem Papier

ISSN 0340-1707 (Printausgabe) / 1861-1559 (Onlineausgabe)
ISBN 978-3-428-18541-2

Editorial: Dieses Mal ist alles anders! Coronakrise und KMU-Finanzierung

HORST GISCHER, BERNHARD HERZ, CHRISTOPH KASERER UND DOROTHEA SCHÄFER

Horst Gischer, Otto-von-Guericke Universität Magdeburg, E-Mail: horst.gischer@ovgu.de
Bernhard Herz, Universität Bayreuth, E-Mail: Bernhard.Herz@uni-bayreuth.de
Christoph Kaserer, Technische Universität München, E-Mail: christoph.kaserer@tum.de und
Dorothea Schäfer, DIW Berlin, E-Mail: dschaefer@diw.de

Das Auftreten des Sars-CoV-2-Virus (inzwischen unter der Bezeichnung „Coronavirus" bekannt) hat die globale Wirtschaft empfindlich in Unordnung gebracht. Es stellt einen geradezu lehrbuchmäßigen exogenen Schock dar, den die ökonomischen Akteure nunmehr als bis dato unbekannte Nebenbedingung in ihren individuellen Plänen berücksichtigen sollten. Folgerichtig sind nach einer kurzen „Schockstarre" in vielen Volkswirtschaften (mehr oder weniger) hektische Anpassungsmaßnahmen eingeleitet worden, deren finale Auswirkungen zum großen Teil noch nicht hinreichend präzise beurteilt werden können. Insbesondere für kleine und mittlere Unternehmen (KMU) in Deutschland haben sich die Rahmenbedingungen nachgerade dramatisch geändert, nicht zuletzt im Hinblick auf die dauerhafte Sicherstellung ihrer stabilen (Fremd-) Finanzierung.

Die vorliegende Ausgabe 02/2021 der DIW-Vierteljahrshefte zur Wirtschaftsforschung präsentiert den ersten Teil einer kursorischen Bestandsaufnahme der „neuen" (insbesondere) makroökonomischen Verhältnisse in Deutschland zum Redaktionsschluss im Sommer 2021. Im Mittelpunkt steht zunächst die inländische Finanzbranche, der realwirtschaftlichen Sphäre gilt ergänzend das Augenmerk der zeitnah folgenden Ausgabe 03/2021. Das vornehmliche Anliegen des Herausgeberteams ist die Dokumentation der Einschätzungen unmittelbar betroffener Entscheidungsträger, mithin die Bereitstellung eines Zwischenfazits nach mehr als einem Jahr im Krisenmodus. Die sorgfältige Analyse der jüngsten Erfahrungen sollte dann die Lehren für ähnliche Herausforderungen in der Zukunft fundieren.

Mit bewusster Anlehnung an prominente Stellungnahmen von Carmen Reinhardt und Kenneth Rogoff nach der Finanzkrise 2008/09 überschreibt *Dorothea Schäfer (DIW Berlin)* ihren Einleitungsbeitrag mit der Frage *„This time is different?"*. Im Unterschied zur damaligen Analyse der Vorgenannten kommt sie in der gegenwärtigen Konstellation, gestützt durch eine detaillierte empirische Überprüfung, zur überzeugenden Antwort: „Ja!". Das vom Ausland häufig kritisierte – und ebenso regelmäßig unverstandene – dreigliedrige deutsche Bankensystem hat sich als belastbare Stütze bei den Versuchen der Krisenbewältigung erwiesen. Trotz objektiv gestiegener

Risiken haben die Finanzintermediäre insgesamt, und die vornehmlich regional operierenden Institutsgruppen im Besonderen, die gestiegene Kreditnachfrage im Gegensatz zur Finanzkrise in großem Umfang befriedigt. Fraglos konnten dadurch historisch bekannte Ansteckungs- und Kaskadeneffekte eingedämmt werden.

Mit *Fritzi Köhler-Geib* und *Volker Zimmermann* kommen Vertreter der größten deutschen Förderbank, der *Kreditanstalt für Wiederaufbau (KfW)*, zu Wort. Ihr Institut trägt durch seine direkte Einbindung in die (gesamt-)staatliche Krisenintervention eine besondere Verantwortung. Sie untersuchen explizit *„Die Auswirkungen der Coronapandemie auf die finanzielle Lage unterschiedlicher Gruppen von mittelständischen Unternehmen und deren Folgen für den Kreditzugang“*. Ihre Ergebnisse stützen im Tenor die Schlussfolgerungen des Eingangsbeitrags. Vor allem die fundamentale Stärke einer großen Mehrheit der KMUs zu Beginn der Coronapandemie hat letztlich Schlimmeres verhindert. Allerdings sind Unterschiede zwischen Branchen und Unternehmens-Größenklassen deutlich erkennbar, vornehmlich grenzüberschreitend tätige bzw. kleinere Schuldner sehen sich, so das Autorenteam, spürbar höheren Kredithürden ausgesetzt.

Karl-Peter Schackmann-Fallis und *André Sonntag* vom *Deutschen Sparkassen- und Giroverband (DSGV)* nehmen in ihrem Aufsatz *„Unternehmenskreditgeschäft der Sparkassen – ein stabilisierendes Element in der Coronakrise: Branchen- und regionalspezifische Implikationen“* nicht nur die bereits erfolgten Entwicklungen auf den Kreditmärkten in ihr Blickfeld, sondern formulieren dezidierte Forderungen für aus ihrer Sicht zwingend einzuleitende Maßnahmen in der (sehr) nahen Zukunft. Von primärer Bedeutung ist nach ihrer Auffassung die Beseitigung der bereits vor der Pandemie deutlich sichtbaren Defizite in der digitalen Infrastruktur sowie bei der ökologischen Nachhaltigkeit. Staatliche Förderprogramme, wie in Coronazeiten unterstützend begleitet durch die Mitfinanzierung der Sparkassen-Finanzgruppe, halten die Autoren für zwingend geboten, um die Attraktivität und Konkurrenzfähigkeit des Wirtschaftsstandorts Deutschland zu erhalten. Ein (bewährt) mehrgliedriges Bankensystem wäre dafür auch weiterhin die beste Voraussetzung.

Für den *Bundesverband der Deutschen Volksbanken und Raiffeisenbanken (BVR)* nehmen *Andreas Bley* und *Martin Micheli* Stellung. In ihrem Beitrag *„Genossenschaftsbanken – Solides Kreditwachstum während der Coronapandemie“* unterstreichen auch sie die international häufig angezweifelte Leistungsfähigkeit des deutschen Bankensektors. Die im BVR organisierten Institute haben während der Coronakrise den u.a. durch drastische Umsatzeinbußen gestiegenen unternehmerischen Fremdkapitalbedarf nach Kräften und unter Beachtung der regulatorischen Rahmenbedingungen zu befriedigen versucht. Die Autoren betonen ebenfalls die Bedeutung einer belastbaren Kunde-Bank-Beziehung, insbesondere in ökonomisch schwierigen Phasen. Auch in der gegenwärtigen Pandemie haben der deutsche Kreditsektor insgesamt sowie das Genossenschaftssegment im Speziellen ihre Krisenfestigkeit unter Beweis gestellt.

Einen Blick voraus präsentiert *Matthias Kowallik (DekaBank – Deutsche Girozentrale)* in seinem Aufsatz *„Die Coronapandemie hinterlässt Spuren – die Kernherausforderungen sind jedoch erheblicher“*. Der Autor nimmt die finanz-ökonomischen Auswirkungen der Coronakrise zum Anlass, die aus der gestiegenen Kreditvergabe resultierenden Bilanzveränderungen der vornehmlich die KMUs bedienenden und beinahe ausschließlich regional tätigen Sparkassen bzw. Genossenschaftsbanken zu dokumentieren. Angesichts des historisch einmaligen (Niedrig-)Zinsumfelds sowie der „unkonventionellen“ Geldpolitik der Europäischen Zentralbank entstehen ernsthafte, noch latente, Risiken für die zukünftige Ertragslage der Kreditinstitute. Der extrem gestiegene Sichteinlagenbestand kann bei einer Änderung des Zinsregimes ohne rechtzeitiges Gegensteuern massive

Ertragseinbußen herbeiführen. Die Coronapandemie hat die Ausgangslage deutlich verschärft, aber den Blick auf das Problem möglicherweise verstellt.

Die nachfolgende Ausgabe 03/2021 der Vierteljahrshefte zur Wirtschaftsforschung wird das Gesamtbild um die primär realwirtschaftliche Perspektive erweitern. Der Band widmet sich zum einen der Dokumentation der direkten Coronafolgen aus der Sicht der betroffenen mittelständischen Wirtschaft. Zum anderen erfolgt eine Einordnung der staatlichen Hilfsprogramme aus der bundes- bzw. landespolitischen Sicht. Eingerahmt werden die praxisnahen Standpunkte durch eine (akademische) Bestandsaufnahme der ökonomischen Ausgangslage „vor Corona" sowie einem Ausblick auf weitere Herausforderungen nach, oder besser mit, dem Virus.

„This time is different“?

DOROTHEA SCHÄFER

Dorothea Schäfer, E-Mail: dschaefer@diw.de, Deutsches Institut für Wirtschaftsforschung DIW Berlin und Jönköping University

Zusammenfassung: Die Coronakrise ist die erste globale Pandemie seit mehr als 100 Jahren. In dieser Hinsicht ist die Coronakrise einzigartig und damit wahrhaft „different“. Aber ist sie auch „einzigartig“ wenn die Reaktion der Finanzinstitute auf die Krise in den Blick genommen wird? Vor dem Hintergrund des mehrgliedrigen Bankensystems in Deutschland untersucht der Beitrag, ob in der Coronakrise das Kreditgewerbe bei der Finanzierung der Realwirtschaft ähnlich agiert, als in vorangegangenen Krisen. Zunächst prüfen wir, wie die Kreditquote, also der Anteil der Kredite an der Bankbilanzsumme, auf die drei großen Krisen dieses Jahrhunderts, Dotcom-Krise, Finanzkrise und Coronakrise, reagiert hat. Grundlage dazu ist ein Paneldatensatz mit den Bankengruppen als Beobachtungseinheit. Im zweiten Schritt vergleichen wir die Entwicklung der Kreditbestände und Marktanteile der Bankengruppen in Coronakrise und Finanzkrise. Unsere Befunde zeigen, dass der Spruch „This time is different“ für das deutsche Bankwesen in der Coronakrise nicht falsch ist. Die empirische Schätzung ergibt, dass kapitalschwächere Bankengruppen in der Finanzkrise die Kreditquote zwar signifikant abgesenkt, diese aber in der Coronakrise signifikant erhöht haben. Der Vergleich der Kreditbestände zeigt für die Banken insgesamt und für einzelne Bankengruppen in der Coronakrise eine deutlich expansivere Kreditvergabe als in der Finanzkrise.

Summary: The Corona crisis is the first global pandemic in more than 100 years. In this respect, the Corona crisis is unique and therefore truly "different". But is it also "unique" when the response of financial institutions to the crisis is considered? Against the backdrop of the German banking system the work examines whether in the Corona crisis the banking industry has shown a similar reluctance to finance the real economy as in previous economic crises. Based on a panel data set with the banking groups as an observation unit, we explore the impact of dotcom, financial and corona crisis on the share of loans in the balance sheet of banking groups. Furthermore, we compare lending behavior and the market share trends of the individual banking groups in the financial crisis and the corona crisis. As a result, it can be said that the saying "This time is different" is an appropriate description for the German banking system in the Corona crisis. The empirical estimate shows that capital-weaker banking groups significantly reduced the share of loans in total assets during the financial crisis but significantly increased them during the corona crisis. A direct comparison of the development of loan portfolios shows an opposite trend in the Corona crisis for the banks as a whole, and also for individual banking groups than in the financial crisis.

→ JEL: G30, G33

→ Keywords: Financial Crisis, Covid-19 Pandemic, Bank Loans, Three-Pillar Banking System, Finanzkrise, Coronakrise, Kreditvergabe, Bankengruppen, Drei-Säulen-Bankensystem

Einleitung

Nach der Insolvenz der US-Investmentbank Lehman Brothers im September 2008 haben Unternehmen, insbesondere Kleine- und Mittelständische Unternehmen (KMU) um ihre Kreditversorgung bangen müssen. Viele Banken schränkten im Verlauf der Finanzkrise die Kreditvergabe ein. Gründe gab es verschiedene. Manche Banken hatten nicht mehr genug Kapital in ihrer Bilanz, um neues Kreditgeschäft mit dem vorgeschriebenen regulatorischen Mindestkapital unterlegen zu können. Angesichts der fragilen Lage auf den globalen Finanzmärkten war es zudem schwierig, neues Kapital aufzunehmen. Andere Banken schränkten ihr Geschäft ein, weil die Turbulenzen im Finanzsektor auch die Realwirtschaft erfasst hatten, und sie vermehrt mit notleidenden Krediten und hohen Wertberichtigungen rechneten. Wieder andere waren so sehr in die US-Subprime-Krise verstrickt, dass sie einer Abwicklung ihres Kreditgeschäftes näher waren als einer Ausdehnung.

„This time is different" (Reinhart und Rogoff 2009) ist ein ironischer Verweis auf den Umstand, dass die Akteure auf den Finanzmärkten bei jeder Krise aufs Neue beteuern, dass diese anders sei als frühere Krisen, und daher weder vorherseh- noch vermeidbar gewesen sei. In Wahrheit aber liegen den jeweiligen Krisen an den Finanzmärkten durchaus ähnliche Fehler und Wirkungsmechanismen zugrunde. Aus übersteigertem Optimismus resultieren laxes Finanzierungsverhalten, Investitionsüberschwang und Blasenbildung. Wenn der Wendepunkt erreicht ist, verändert sich die Risikowahrnehmung der Finanzinstitute und Investoren, und die eingegangenen Engagements werden neu bewertet. Es kommt im großen Stil zu Kreditabflüssen und Verkäufen von Vermögenswerten, die vom „Hunger nach Liquidität" getrieben sind. In der Folge üben Finanzinstitute und institutionelle Investoren bei Neuinvestitionen große Zurückhaltung. Am Ende der Ursachen-Wirkungskette stehen jeweils mehr oder weniger desaströse Folgen für private Haushalte und Unternehmen. Auch Entwicklung und Verlauf der globalen Finanzkrise von 2008/09 folgten diesem Muster und widersprachen demzufolge „This time is different".

Angesichts der Einschränkung des Kreditgeschäfts in der Finanzkrise, liegt es nahe, ähnliches Ungemach für Finanzsektor und Unternehmensfinanzierung auch von der Coronakrise zu erwarten.[1] Schließlich mussten ab März 2020 viele Unternehmen zusehen, wie ihren Geschäftsmodellen zeitweise die Grundlage entzogen wurde. Steigende Infektionszahlen erzwangen die strikte Einhaltung von Kontaktbeschränkungen. Zahlreiche Betriebe und Geschäfte mussten ganz schließen. Besonders betroffen von den Lockdowns, die zum Schutz gegen eine potenziell lebensbedrohliche Ansteckung von den Behörden verhängt wurden, waren Unternehmen und Selbständige in bestimmten Bereichen des Einzelhandels, im Tourismus und Gast- sowie Veranstaltungsgewerbe. Auch der Produktionsindex im Verarbeitendem Gewerbe brach im März 2020 stark ein, erholte sich dann aber im Laufe des Jahres 2020 wieder. Noch aber ist das Vorkrisenniveau nicht erreicht.[2]

Die Coronakrise ist die erste globale Pandemie seit mehr als 100 Jahren. Die letzte Pandemie, die spanische Grippe, datiert bereits aus dem Jahr 1918. Anders als bei Wirtschaft- und Finanzkrisen kann niemand auf Erfahrungen mit einer Pandemie zurückblicken. In dieser Hinsicht ist die

1 https://www.sueddeutsche.de/wirtschaft/banken-insolvenzen-corona-kreditausfaelle-1.5166648.

2 https://www.destatis.de/DE/Themen/Querschnitt/Corona/Wirtschaft/kontextinformationen-wirtschaft.html;jsessionid=73E99F541B394059A0C9B0F1ED622BEB.live722#industrie.

Coronakrise einzigartig und damit wahrhaft „different". Aber ist sie auch „einzigartig", wenn die Reaktion der Finanzinstitute in den Blick genommen wird? Folgt auch in der Coronakrise auf den wirtschaftlichen Schock eine breite Zurückhaltung des Kreditgewerbes bei der Finanzierung der Realwirtschaft? Diese bislang unbeantwortete, aber gleichwohl drängende Frage steht hier im Mittelpunkt.

Zentrales Merkmal des deutschen Bankensystem ist die Säulenstruktur, bestehend aus privaten Geschäftsbanken, öffentlich-rechtlichen Banken, Kreditgenossenschaften und Spezialbanken, die nur bestimmte Geschäftsfelder bedienen. Innerhalb dieser Säulen gibt es abgegrenzte Bankengruppen, wie beispielsweise die Großbanken oder Filialen ausländischer Geschäftsbanken innerhalb der Säule der Geschäftsbanken und die Landesbanken oder Sparkassen innerhalb der Säule der öffentlich-rechtlichen Banken. Die Bundesbank veröffentlicht monatlich Daten zur Kreditvergabe auch für die einzelnen Bankengruppen. Mit diesen Daten konstruieren wir einen Paneldatensatz mit den Bankengruppen als Beobachtungseinheit.

Die Untersuchung ist zweigeteilt. Zunächst schätzen wir den Einfluss von Krisen auf die Kreditquote der Bankengruppen. Dafür nehmen wir alle drei großen Krisen dieses Jahrhunderts in den Blick, die Dotcom-Krise, die Finanzkrise und die Coronakrise. Im zweiten Teil liegt der Fokus auf der Finanzkrise und der Coronakrise. Konkret vergleichen wir Kreditvergabeverhalten und die Marktanteilsverläufe der einzelnen Bankengruppen in den beiden Krisen.

Als Ergebnis lässt sich festhalten, dass der Spruch „This time is different" für das deutsche Bankwesen in der Coronakrise nicht falsch ist. Die empirische Schätzung ergibt, dass kapitalschwächere Bankengruppen den Anteil von Krediten an der Bilanzsumme in der Finanzkrise signifikant abgesenkt und in der Coronakrise signifikant erhöht haben. Vergleicht man direkt die Kreditbestände, so zeigt sich in der Coronakrise für die Banken insgesamt und auch für einzelne Bankengruppen ein entgegengesetzter Trend als in der Finanzkrise.

Der Rest des Beitrags ist wie folgt aufgebaut. Im nächsten Abschnitt beschreiben wir kurz die drei großen wirtschaftlichen Krisen in Deutschland im 21. Jahrhundert. Danach besprechen wir bisherige Forschungsbeiträge zur Kreditvergabe in Krisen. Dem folgt eine kurze Beschreibung der Besonderheiten des mehrgliedrigen deutschen Bankensystems. Abschnitt 4 stellt die Datenbasis für die Analyse vor. In Abschnitt 5 wird die empirische Schätzung zum Zusammenhang zwischen den drei großen Krisen und der Kreditquote präsentiert. Abschnitt 6 vergleicht Kreditvergabeverhalten und die Marktanteilsverläufe der einzelnen Bankengruppen in Finanzkrise und Coronakrise. Zusammenfassung und Fazit schließen den Beitrag ab.

Drei große Krisen in Deutschland im 21. Jahrhundert

Die deutsche Wirtschaft und Gesellschaft haben im 21. Jahrhundert bislang drei längerfristige Krisen durchgemacht, die Dotcom-Krise, die Finanzkrise und die Coronakrise. Die Dotcom-Krise begann im März 2000 als die „Spekulationsblase" bei internet-basierten Geschäftsmodellen anfing zu platzen. Vorausgegangen war eine starke Überbewertung von Unternehmen der sogenannten „New Economy". Viele dieser oft noch sehr jungen Unternehmen waren bereits börsennotiert, in Deutschland vor allem am „Neuen Markt". Das Wachstumssegment der Deutschen Börse war am 10. März 1997 an den Start gegangen. Es war speziell für junge Unternehmen gedacht, die schnell an die Börse wollten. Nach einem beeindruckenden Höhenflug begannen die

Kurse am Neuen Markt ab März 2000 rasch zu fallen. Am 21. März 2003 hatte der Leitindex des Neuen Marktes NEMAX fast 95 Prozent seines Höchststandes vom 10. März 2000 eingebüßt. Auch andere Börsensegmente wurden von der „New Economy"-Krise erfasst. Obwohl die im Leitindex DAX gelisteten Unternehmen überwiegend der „Old Economy" angehörten, sackte der DAX im März 2003 auf 2.203,97 Punkte ab. Das ist der bisherige DAX-Tiefststand in diesem Jahrhundert.

Nur fünfeinhalb Jahre später, am 8. September 2008, brach die US-Investmentbank Lehman Brothers zusammen. Ursachen waren hohe Abschreibungen im Zusammenhang mit der US-Immobilienkrise und der fehlende Wille der US-Regierung, die Bank zu retten. Im Gefolge dieser Insolvenz gerieten vor allem Banken mit stark international orientierten Geschäftsmodellen und Investitionen mit Bezug zum US-Immobilienmarkt in Schwierigkeiten. Viele mussten von ihren Heimatstaaten gerettet werden (Schäfer und Zimmermann 2009).

Durch die Rettungspakete stieg die Verschuldung der Staaten. In Deutschland nahm als Folge des Bankenrettungspaketes die Verschuldungsquote, also das Verhältnis von Gesamtschulden des Staates zum Bruttoinlandsprodukt, von 65,7 Prozent im Jahr 2008 auf 82,5 Prozent im Jahre 2010 zu. Besonders die Eurostaaten Griechenland, Irland, Portugal, Spanien und Italien mussten starke Herabstufungen ihrer Bonitätsnoten hinnehmen. Die Finanzierungskosten dieser Staaten stiegen zum Teil explosionsartig. Die enormen Zinsunterschiede bedrohten den Zusammenhalt der Eurozone und heizten die Spekulationen um den Fortbestand der Gemeinschaftswährung an. Diesen Spekulationen machte erst die denkwürdige Rede des damaligen EZB-Präsident Mario Draghi am 26. Juli 2012 („Whatever it takes") ein Ende. Die Rede beendete die Unsicherheit und den fragilen Dauerzustand, in dem sich Europas Banken und Staaten seit der globalen Ausbreitung der Lehman-Schockwellen befunden hatten. Sie markiert damit das Ende der globalen Finanzkrise.

Am 22. März 2020 begann mit dem ersten bundesweiten Lockdown die akute Coronakrise. Strikte Ausgangs- und Kontaktbeschränkungen traten in Kraft. Innerhalb weniger Tage kam das wirtschaftliche und gesellschaftliche Leben in Deutschland weitgehend zum Erliegen. Im Laufe des Spätfrühlings 2020 zeitigte der erste strenge Lockdown Erfolge. Die Infektionszahlen gingen bis Juni 2020 stark zurück. Nach weitgehenden Lockerungen im Sommer 2020 stiegen die Infektionen allerdings im Spätsommer und Herbst 2020 wieder an. Als Antwort auf die zweite Infektionswelle verhängte die Bundesregierung ab dem 2. November einen sogenannten Teil-Lockdown, ohne dass damit die zweite Welle wirksam gebrochen werden konnte. Daher kam es ab 16. Dezember 2020 erneut zu einem „harten Lockdown". Dennoch stiegen die Infektionszahlen weiter an. Am 14. April 2021 wurden 32.000 Neuinfektionen gemeldet. Das war der bisherige Höhepunkt der Coronakrise. Danach sanken die Infektionszahlen stetig. Anfang Juli 2021 lagen die Zahlen mit nur mehr einigen hundert gemeldeten Neuinfektionen wieder in die Nähe der Tiefststände des Sommers 2020. Obwohl mittlerweile die Zahl der vollständig gegen SARS-CoV-2 geimpften Bundesbürger fast die 60 Prozentmarke erreicht hat, ist die Coronakrise noch nicht ausgestanden. Die zurzeit wieder ansteigenden Infektionszahlen könnten die Vorboten einer vierten Infektionswelle im Herbst 2021 sein.

Coronakrise und Dotcom-Krise haben die Gemeinsamkeit, dass ihr Ursprung nicht im Finanzsektor, sondern in der Realwirtschaft liegt. Gleichzeitig sind die beiden Krisen aber auch höchst unterschiedlich. Während die Dotcom-Krise dem „irrationalen Überschwang" in der Bewertung der neuartigen Internet-Geschäftsmodelle geschuldet war, ist die gegenwärtige Coronakrise eine alle Bevölkerungskreise durchdringende Krise, die durch eigene Konsumzurückhaltung und

Maßnahmen zur Eindämmung der Pandemie verursacht ist. Die hohe Ansteckungsgefahr und die zur Gefahrenabwehr verhängten Lockdowns haben das wirt- und gesellschaftliche Leben in Deutschland ab März 2020 stark beeinträchtigt. Infolgedessen ging das Bruttoinlandsprodukt im Jahr 2020 um 5,3 Prozent gegenüber dem Vorjahr zurück. Auf dem Höhepunkt der globalen Finanzkrise 2009 war die inländische Wirtschaftsleistung um 5,6 Prozent geschrumpft.[3] Anders sah die Entwicklung des BIP in der weiter zurückliegenden Dotcom-Krise aus. Trotz sinkender Börsenkurse war das Wachstum in den beiden ersten Krisenjahren 2000 und 2001 mit 2,7 Prozent beziehungsweise 1,7 Prozent positiv. Erst im Jahr 2002 kam es zu einem moderaten Rückgang des BIPs von 0,2 Prozent. 2003 betrug die Wachstumsrate minus 0,7 Prozent.[4]

Kreditvergabe in Krisen

Kreditvergabe in Krisen ist eine schwierige Aufgabe. Banken müssen zwischen Kreditnehmerinnen und -nehmern entscheiden, die während der gesamten Laufzeit des Darlehens den Kredit bedienen können, und solchen, die aufgrund der Auswirkungen der Krise möglicherweise nicht überlebensfähig sind. Dieser Spagat mündet oft in Kreditrationierung (z. B. Stiglitz und Weiss 1981, Bester 1985, Besanko und Thakor 1987, Hellwig 1988). Durch den Entzug von Mitteln werden mehr Kredite notleidend und die Krise vertieft sich. Vor dem Hintergrund der globalen Finanzkrise betont Shahidul (2011), dass in einer Krise der sogenannte Lending Channel nicht mehr richtig funktioniert. Die Liquiditätseinschüsse der Zentralbanken in das Bankensystem bewirken keinen Anstieg der Kreditvergabe, weil sich die Banken unter dem Eindruck einer wachsenden Anzahl notleidender Kredite (NPLs) und einer schmaler werdenden Kapitalausstattung dafür entscheiden, Liquidität zu horten. In der Regel trifft dies besonders Kleine- und Mittelständische Unternehmen hart, da KMU – anders als Großunternehmen, denen auch der Kapitalmarkt offen steht – auf die Finanzierung durch Geschäftsbanken angewiesen sind.

Allerdings lassen sich die Banken beim Kreditvergabeverhalten in Krisen nicht alle über einen Kamm scheren. So finden Gambacorta und Marques-Ibanez (2011) vor dem Hintergrund der globalen Finanzkrise, dass Banken mit schwächeren Kapitalpositionen, größerer Abhängigkeit von Marktfinanzierungen und mehr zinsgebundenen Ertragsquellen ihr Kreditangebot in der Krise stärker eingeschränkt haben als Banken ohne diese Merkmale. Sette und Gobbi (2015) zeigen, dass italienische Unternehmen mit enger Bank-Firmen-Beziehung in der Finanzkrise weniger von Kreditbeschränkungen betroffen waren, als Unternehmen die Transaktionskredite erhalten haben. Transaktionskredite sind Kredite, die ausschließlich anhand von rein quantitativen Kriterien wie beispielsweise Bonitäts- und Insolvenzkennzahlen vergeben werden. Persönliche Merkmale von Kreditnehmerinnen und -nehmern spielen keine Rolle, ebenso wie „weiche“ Daten, die beispielsweise als „Beifang“ während einer langjährigen Hausbankbeziehung anfallen. Bolton, Freixas, Gambacorta und Mistrulli (2016) modellieren und bestätigen die Hypothese auch empirisch, dass sogenannte Beziehungsbanken (Hausbanken) in normalen Zeiten zwar einen höheren Zinszuschlag verlangen, in einer Krise aber die Kreditvergabe zu günstigeren Konditionen fortsetzen als Transaktionsbanken.

3 https://www.destatis.de/DE/Presse/Pressemitteilungen/2021/01/PD21_020_811.html.

4 https://www.destatis.de.

Eine Studie von Banerjee, Gambacorta und Sette (2021) zur Kreditvergabe an italienische Unternehmen ergab, dass nach der Lehman-Insolvenz Banken den Unternehmen, zu denen sie engere Beziehungen unterhielten, günstigere Konditionen für die Fortsetzung der Kreditbeziehung anboten. Die Unternehmen mit Hausbank(en) konnten so ein höheres Investitions- und Beschäftigungsniveau aufrechterhalten als Unternehmen ohne Hausbank(en). Auch in der europäischen Staatsschuldenkrise schützten Hausbank-Beziehungen die Unternehmen vor krisenbedingten Finanzierungsbeschränkungen, insbesondere wenn die Unternehmen an gut kapitalisierte Banken gebunden waren. Bankspezifische Merkmale und Geschäftsmodelle sind demzufolge wichtige Bestimmungsfaktoren für die Kreditvergabe in der Krise.

Das deutsche Bankensystem

Das deutsche Bankensystem ist der Prototyp eines Bankwesens in dem unterschiedliche Bankentypen koexistieren. Die privaten Geschäftsbanken, die öffentlich-rechtlichen Banken und die Genossenschaftsbanken bilden die drei Hauptsäulen (z. B. Bundesbank 2019). Banken mit Spezialaufgaben bilden eine Art „vierte Säule". Insgesamt waren Ende des Jahres 2020 knapp 1.700 Kreditinstitute in Deutschland aktiv.

Geschäftsbanken sind privatrechtlich organisierte Universalbanken mit einer nationalen und internationalen Ausrichtung im Kapitalmarkt-, Einlagen- und Kreditgeschäft. Zur Säule der privaten Geschäftsbanken gehören Großbanken (Deutsche Bank, Commerzbank, UniCredit), Regionalbanken und die Filialen ausländischer Banken. International aktiv sind besonders die Großbanken und qua Organisation die Filialen ausländischer Banken.

Sparkassen und Landesbanken bilden den öffentlich-rechtlichen Bankensektor. Ihre Träger sind Gemeinden, Kreise oder Länder.[5] Das Angebot von Bankdienstleistungen einer Sparkasse ist in der Regel regional begrenzt, zumeist auf das Gebiet des öffentlich-rechtlichen Trägers. Im Mittelpunkt der Geschäftstätigkeit steht die Förderung von Sparen und die Kreditversorgung der regionalen Bevölkerung und Unternehmen. Sparkassen verstehen sich als Hausbanken der regionalen Wirtschaft. Demgegenüber sind die Landesbanken ähnlich wie die großen Geschäftsbanken national und international aktiv. Ihre Träger sind einzelne oder mehrere Bundesländer. Angeschlossenen Sparkassen bieten die Landesbanken zentrale Dienstleistungen an, wie zum Beispiel die Organisation von größeren Krediten. Im Gegenzug vertreiben Sparkassen Finanzprodukte der Landesbanken.

Genossenschaftsbanken bilden die dritte Säule. Die Kunden der Genossenschaftsbanken sind oft Anteilseigner ihrer Kreditgenossenschaft. Die Genossenschaftsbanken sind ähnlich wie Sparkassen nur regional aktiv. Wegen ihres dichten Filialnetzes besitzen Genossenschaftsbanken eine hohe Präsenz sowohl in den Städten wie auch in der Fläche. Genossenschaftsbanken sind besonders im Privatkunden- und Firmenkundengeschäft tätig. Auch die Kreditgenossenschaften sehen sich als Hausbanken der regionalen Wirtschaft.

---

5 Es gibt auch einige freie Sparkassen. Deutsche Bundesbank (2019), S. 52, https://www.bundesbank.de/de/publikationen/schule-und-bildung/geld-und-geldpolitik-606038.

Die Banken der „vierten Säule“ bieten spezielle Bankdienstleistungen an. Zu den Spezialbanken zählen die Pfandbriefbanken, Bausparkassen und die Banken mit Sonder-, Förder- oder sonstigen zentralen Unterstützungsaufgaben. Auch die Förderkreditinstitute des Bundes und der Länder gehören zu dieser Gruppe. Sie bieten über die Hausbanken Förderprogramme für Privatpersonen und Unternehmen an.

Daten

Neben den Monatsdaten zu den Krediten von Banken (MFI) an Nichtbanken (Nicht-MFI) nutzen wir auch die Zeitreihen der Bundesbank zu Bilanzsumme, Einlagen und Kapitalausstattung der neuen Bankengruppen, Großbanken (1), Regional- und sonstige Geschäftsbanken (2), Zweigstellen ausländischer Banken (3), Landesbanken (4), Sparkassen (5), Kreditgenossenschaften (6), Realkreditinstitute (7), Bausparkassen (8) und Banken mit Sonder-, Förder- und sonstigen zentralen Unterstützungsaufgaben (9).[6]

Die Entwicklung der Unternehmensfinanzierung spiegelt sich spezifisch in den Krediten wider, die MFIs an inländische Unternehmen und Selbständige vergeben haben. Diese sind nur als Quartalsdaten verfügbar. Die Analyse der Kreditvergabe in Krisen stützt sich daher hauptsächlich auf die in höherer Frequenz vorliegenden Daten zu den gesamten Kreditbeständen, einschließlich der Kredite an inländische Unternehmen und Selbständige.

Im Paneldatensatz ist die Bankengruppe die Beobachtungseinheit. Der Beobachtungszeitraum beginnt im Januar 1995 und damit gut zwei Jahre vor dem Handelsstart im Neuen Markt. Der Paneldatensatz ist symmetrisch und umfasst bis zum aktuellen Rand, dem Juni 2021, pro Bankengruppe 269 Monate. Insgesamt besteht der Datensatz aus 2.085 Bankengruppen-Monaten.[7] Die Dotcom-Krise datiert vom März 2000 bis zum März 2003 (Dauer: 37 Monate), die Finanzkrise vom September 2008 bis Juli 2012 (Dauer: 35 Monate) und die Coronakrise vom März 2020 bis zum Juni 2021 (Dauer: 16 Monate). Die übrigen 183 Monate sind im Datensatz als Normalzustand kategorisiert.

Die verfügbaren Kreditdaten decken die ersten 16 Monate der Coronakrise ab. Entsprechend läuft der Zeitraum für den direkten Vergleich von Finanzkrise und Coronakrise vom September 2008 bis Dezember 2009. Bei den Krediten an Unternehmen und Selbständige ist das Startquartal das dritte Quartal 2009 beziehungsweise das erste Quartal 2020. Für den Vergleich werden Kreditbestände und Marktanteile normiert und jeweils als Vielfaches der Bestände im ersten Krisenmonat beziehungsweise im ersten Krisenquartal ausgedrückt. Werte von über eins markieren eine Zunahme gegenüber dem Ausgangsniveau zu Krisenbeginn, Werte unter 1 eine Absenkung.

---

6 Ab Juli 2016 zählt die Bundesbank die DZ Bank zu den Banken mit Sonder-, Förder- und sonstigen zentralen Unterstützungsaufgaben. Dies Zuordnung übernehmen wir für den gesamten Beobachtungszeitraum.

7 Daten zu der Gruppe der Bausparkassen sind erst ab dem Jahr Dezember 1998 verfügbar.

Paneldatenanalyse: Kreditquote in Krisen

Die abhängige Variable für die Schätzung ist die Kreditquote, also der jeweilige Anteil der vergebenen Kredite an der Bilanzsumme der Bankengruppe. Die kategoriale erklärende Variable *Krise* nimmt für die Monate der Dotcom-Krise den Wert 2, die Monate der Finanzkrise den Wert 3 und die Monate der Coronakrise den Wert 4 an. Basiskategorie ist der Normalzustand. Einlagen- und Kapitalquote sind die weiteren erklärenden Variablen im Schätzmodell. Das Schätzmodell wird auf den Gesamtdatensatz sowie auf zwei Teildatensätze mit über- beziehungsweise unterdurchschnittlich kapitalisierten Bankengruppen angewandt.

Die Schätzung erfolgt mit dem xtscc-Programm. Das xtscc-Programm schätzt Regressionsmodelle mit festen Effekten (innerhalb) mit Driscoll- und Kraay-Standardfehler (Driscoll und Kraay 1998, Hoechle 2007). Das Programm ist besonders geeignet, wenn, wie in unserem Fall, der Querschnitt im Vergleich zur Länge des Panels klein ist. Dabei wird angenommen, dass die Fehlerstruktur heteroskedastisch ist, bis zu einem gewissen Lag autokorreliert und möglicherweise zwischen den Gruppen korreliert ist. Die Standardfehler sind konsistent gegenüber Heteroskedastizität und robust gegenüber allgemeinen Formen der querschnittlichen und zeitlichen Abhängigkeit, wenn die Zeitdimension groß ist.

Tabelle 1

Paneldatenschätzung – Auswirkung der drei großen Krisen auf die Kreditquote

Kreditquote	(1) Gesamtpanel	(2) Panel der Bankengruppen mit einer Kapitalquote unter dem Durchschnitt	(3) Panel der Bankengruppen mit einer Kapitalquote über dem Durchschnitt
Kapital	2.435***	3.096***	2.108***
	(16.89)	(4.75)	(12.93)
Einlagen	0.0304	-0.198***	0.0639
	(1.49)	(-4.72)	(1.37)
Dotcom-Krise	2.439***	0.552	-0.0897
	(3.73)	(0.88)	(-0.12)
Finanzkrise	-2.696***	-3.527***	-1.754**
	(-3.96)	(-5.53)	(-3.33)
Coronakrise	-3.209***	2.218**	-5.826***
	(-5.06)	(3.24)	(-7.40)
Konstante	42.98***	47.29***	44.71***
	(34.75)	(23.02)	(18.94)
Anzahl der Beobachtungen	2815	1387	1428

Signifikanzniveaus: *$p<0.05$; **$p<0.01$; ***$p<0.001$ basierend auf Driscoll-Kraay Standardfehlern. Der automatisch gewählte Lag liegt bei 5. Die Gruppe der Banken mit Sonder-, Förder- und sonstigen zentralen Unterstützungsaufgaben beinhaltet auch die Genossenschaftlichen Zentralinstitute.

Tabelle 1 zeigt die Ergebnisse. Die Schätzung des Gesamtpanels ergibt signifikante Koeffizienten bei allen drei Krisen. Sowohl in der Finanzkrise wie auch in der Coronakrise haben die Bankengruppen die Kreditquote zurückgefahren. Anders war es in der Dotcom-Krise. Hier zeigt der signifikante und positive Koeffizient an, dass die Kreditquote in der Krise höher war als im

Normalzustand. Dieses Resultat steht im Einklang mit der Entwicklung des BIP in den Jahren der Dotcom-Krise.

Für das Sample der unterdurchschnittlich kapitalisierten Bankengruppen (Spalte 2) zeigt sich indes keine signifikante Wirkung der Dotcom-Krise. Demgegenüber bleiben die Koeffizienten für Finanzkrise und Coronakrise signifikant, tragen aber unterschiedliche Vorzeichen. Gegenüber dem Normalzustand ist der Anteil der Kredite an der Bilanzsumme in der Finanzkrise niedriger, in der Coronakrise aber höher. Die kapitalschwächeren Bankengruppen verhalten sich in der Coronakrise deutlich expansiver als in normalen Zeiten.

Demgegenüber liefert die Schätzung mit dem Sample der überdurchschnittlich kapitalisierten Bankengruppen für Coronakrise und Finanzkrise qualitativ ein ähnliches Ergebnis wie für den Gesamtdatensatz. Der Einfluss von Finanzkrise und Coronakrise auf die Kreditquote ist signifikant und negativ. Der Koeffizient der Dotcom-Krise bleibt auch bei diesem Teildatensatz insignifikant.

Von den beiden zusätzlichen erklärenden Variablen ist das Ergebnis für die Kapitalquote robust. Den Erwartungen entsprechend zieht eine höhere Kapitalquote auch eine höhere Kreditquote nach sich. Hingegen ist das Resultat für die Einlagenquote uneinheitlich. Nur im Datensatz mit den unter dem Durchschnitt der Kapitalquote liegenden Beobachtungen ist die Einlagenquote signifikant.

In der Gesamtschau lässt sich festhalten, dass von den drei untersuchten Krisen nur die beiden jüngeren einen signifikanten Einfluss auf die Kreditquote in allen drei Schätzungen zeigen. Die Richtung des Einflusses von Finanzkrise und Coronakrise ist uneinheitlich und von der Kapitalstärke der Bankengruppe abhängig. Der negative Koeffizient in den Schätzungen (1) und (3) bei beiden Krisen – Finanzkrise und Coronakrise – bedeutet nicht notwendigerweise, dass sich die Bankengruppen bei der Kreditvergabe in beiden Krisen gleich verhalten haben. Eine Absenkung der Kreditquote kann auch durch Vergrößerung der Bilanzsumme bei gegebenen Kreditbeständen oder durch einen im Vergleich zu den Krediten überproportionalen Anstieg der Bilanzsumme zustande kommen. Im Folgenden nehmen wir daher anstatt der Kreditquote die vergebenen Kreditsummen in Finanzkrise und Coronakrise in den Blick. Dazu fassen wir die Bankengruppen zu den bekannten drei Säulen zusammen. Die Spezialbanken der vierten Säule firmieren unter dem Begriff „Andere Banken".

Die Finanzkrise hat Banken mit einem international orientierten Geschäftsmodell schwerer als andere getroffen. So musste in Deutschland der Staat vor allem Banken aus den Gruppen der Groß- und Landesbanken stützen. Die Filialen von Auslandsbanken zählen aufgrund der Abhängigkeit von ihren Müttern ebenfalls zu den international exponierten Banken. Diese Bankengruppen nehmen wir gesondert in den Blick.

Finanzkrise versus Coronakrise: Kreditvergabe

Naturgemäß hat sich das Kreditgeschäft seit den Tagen der Finanzkrise weiterentwickelt. Tabelle 2 zeigt die Kreditbestände insgesamt und für die einzelnen Bankengruppen zum jeweiligen Krisenbeginn. Während die Banken in Deutschland im September 2008 insgesamt 4.012 Milliarden Euro an Krediten vergeben hatten, waren es im März 2020 Kredite im Gesamtwert von

4.414 Milliarden Euro. Der Gesamtbestand an Unternehmenskrediten lag im dritten Quartal 2008 bei insgesamt 1.329 Milliarden Euro. Im ersten Quartal 2020 hatten alle Bankengruppen zusammen Unternehmenskredite im Gesamtwert von 1.599 Milliarden Euro in den Büchern stehen.

Tabelle 2

Kreditbestände insgesamt und für die einzelnen Bankengruppen zum jeweiligen Krisenbeginn

Bankengruppe	Finanzkrise		Coronakrise	
	Bestand aller Kredite im September 2008 (Mrd. EUR)	Bestand der Unternehmenskredite im September 2008 (Mrd. EUR)[8]	Bestand aller Kredite im März 2020 (Mrd. EUR)	Bestand der Unternehmenskredite im März 2020 (Mrd. EUR)
Alle Banken	4.012	1.329	4.414	1.599
Bankengruppen				
Geschäftsbanken	1.143	370	1.391	455
Öffentlich-rechtliche Banken	1.398	545	1.490	638
Kreditgenossenschaften	424	161	747	306
Andere Banken	1.047	253	786	200
Großbanken	604	199	654	185
Zweigstellen ausländischer Banken	78	46	123	68
Sparkassen ohne Landesbanken	723	294	1.068	471
Landesbanken	675	251	422	167

Quelle: Deutsche Bundesbank, eigene Berechnungen.

Die folgenden Grafiken zeigen die Kreditbeständen in den Krisenmonaten als jeweils Vielfaches der Bestände im ersten Krisenmonat beziehungsweise im ersten Krisenquartal (Tabelle 2). Werte von über eins zeigen eine Zunahme gegenüber dem Bestand zu Krisenbeginn an, Werte unter eins eine Absenkung. Abbildung 1 gibt die Entwicklung des Kreditbestandes in den beiden Krisen wider. Die linke Seite bildet den Gesamtbestand der Kredite ab, die rechte Seite zeigt die Unternehmenskredite. Beide Teilabbildungen machen deutlich, dass sich die Banken insgesamt in der Coronakrise ganz anders verhalten haben als in der Finanzkrise. In den Monaten nach der Lehman-Insolvenz lag der Kreditbestand fast durchgängig unter dem Bestand zu Beginn der Finanzkrise. Demgegenüber liegen die normierten Werte in der Coronakrise Monat für Monat über der Marke eins. Alle Bankengruppen zusammen haben folglich im Verlauf der Coronakrise durchgängig mehr Kredite als zu Krisenbeginn vergeben. Am aktuellen Rand liegt der Bestand an Krediten etwa 3 % über dem Ausgangsniveau im März 2020. Ein ähnlicher Befund ist für die Gesamtheit der Unternehmenskredite zu verzeichnen. Der Trend in der Coronakrise ist durchgängig aufwärtsgerichtet. Demgegenüber gingen die Bestände in der Finanzkrise nach drei Quartalen Aufwärtsbewegung nach unten und lagen im dritten Quartal 2009 bereits unterhalb des Anfangsbestandes.

8 Der Begriff Unternehmenskredite umfasst die Kredite von MFIs an inländische Unternehmen und Selbständige.

Abbildung 1

Coronakrise vis-a-vis Finanzkrise: Kreditbestandsentwicklung – Alle Bankengruppen

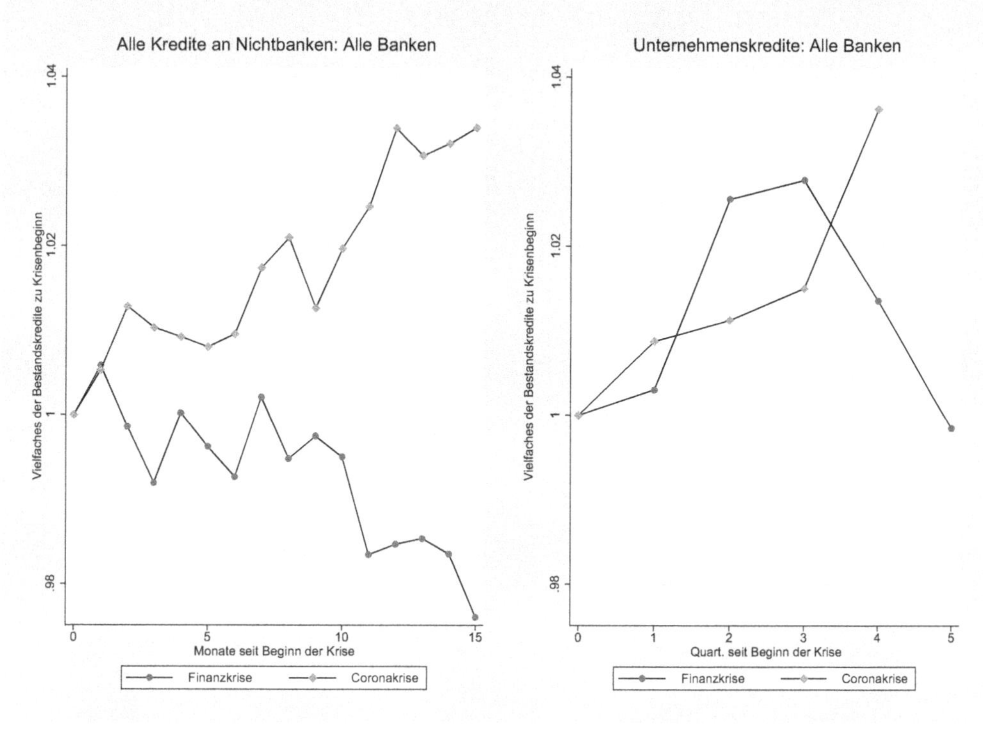

Die Grafik zeigt die Kreditbestände insgesamt, links normiert auf das Niveau des ersten Krisenmonats (Monat Null) beziehungsweise rechts normiert auf das Niveau des ersten Krisenquartals (Quartal 0). Die Insolvenz der US-Investmentbank Lehman Brothers ereignete sich im September 2008. Im März 2020 begann der erste Lockdown. Folglich ist der September 2008 (das dritte Quartal des Jahres 2008) der Monat (das Quartal) null der Finanzkrise. Der März 2020 (das erste Quartal 2020) ist der Monat (das Quartal) null der Coronakrise. Quelle: Bundesbank, eigene Berechnungen.

Auch beim Blick auf die Säulen Geschäftsbanken, öffentlich-rechtliche Banken, Kreditgenossenschaften und Andere Banken, zeigen sich erhebliche Unterschiede zwischen Finanzkrise und Coronakrise (Abbildung 2 und 5). In der Coronakrise vergeben die Geschäftsbanken insgesamt eher mehr Kredite, wohingegen die Tendenz in der Finanzkrise stark rückläufig war (Abbildung 2, oben links). Bei den Unternehmenskrediten (Abbildung 2, oben rechts) ist der Bestand in den ersten Quartalen der Coronakrise unter das Ausgangsniveau gesunken, zeigt aber am aktuellen Rand eine Aufwärtstendenz.

Abbildung 2

Coronakrise vis-a-vis Finanzkrise: Kreditbestandsentwicklung – Geschäftsbanken und Öffentlich-rechtliche Banken

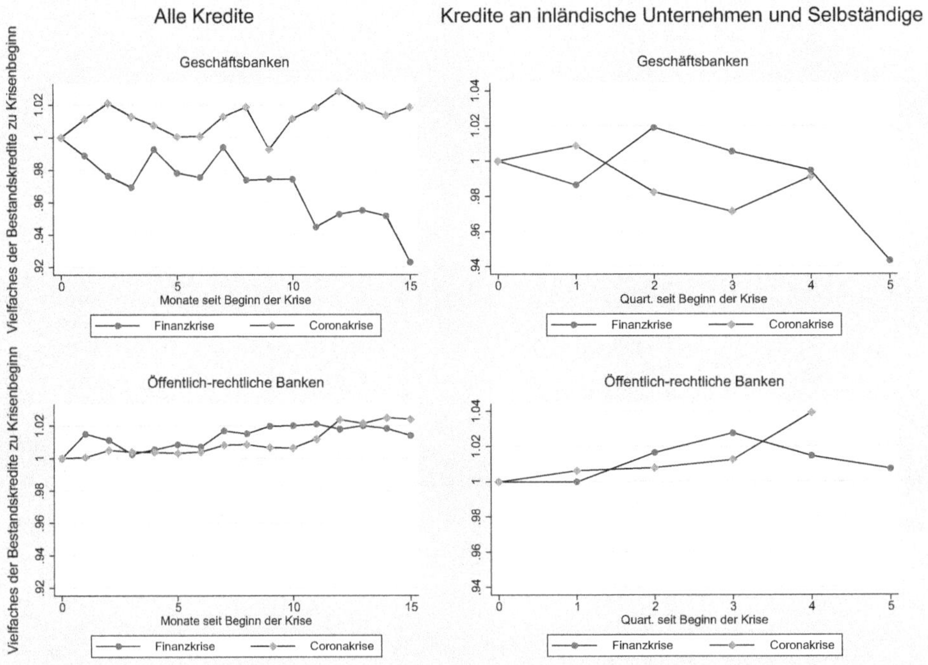

Quelle: Bundesbank, eigene Berechnungen.

Wie Abbildung 3 zeigt, ist der Aufwärtstrend in der Coronakrise vor allem den Großbanken geschuldet. Anders als in der Finanzkrise vergeben die Großbanken im Laufe der Coronakrise fast durchgängig mehr Kredite als zu Beginn (Abbildung 3 links oben). Die Auslandsbanken mit Zweigstellen hierzulande (Abbildung 3 links unten) tragen hingegen nichts zum Aufwärtstrend bei den Geschäftsbanken in der Coronakrise bei. Nach einem kurzen Aufschwung in den ersten Monaten der Coronakrise ist der Kreditbestand tendenziell wieder rückläufig. Dieser Rückzug ähnelt stark dem bereits in der Finanzkrise beobachteten Muster. Am aktuellen Rand liegt die Kreditvergabe der Auslandsbanken mehr als 10 Prozent unterhalb des Ausgangsniveaus im März 2020.

Abbildung 3

Coronakrise vis-a-vis Finanzkrise: Kreditbestandsentwicklung – Großbanken und Zweigstellen ausländischer Banken

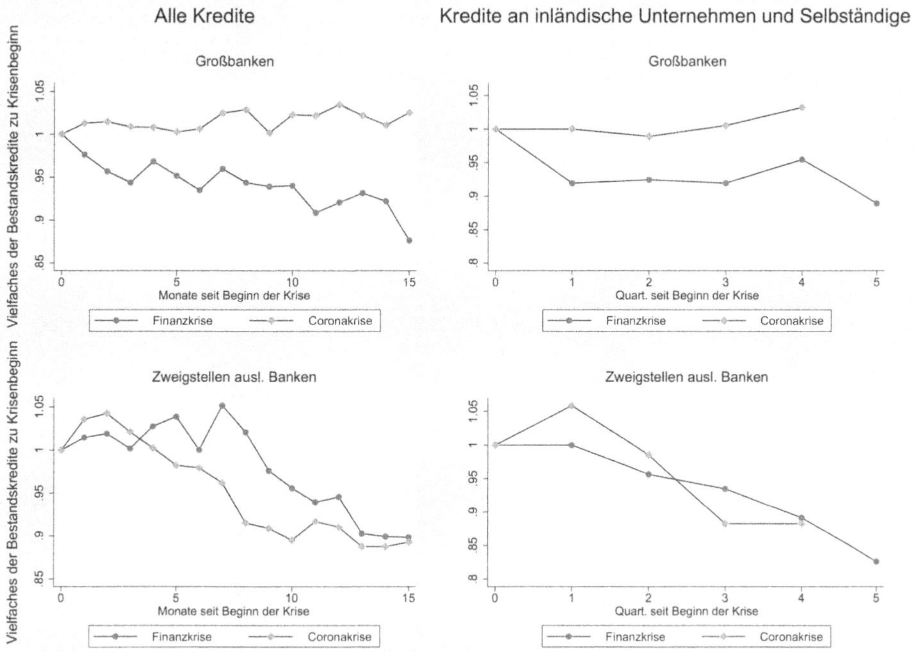

Quelle: Bundesbank, eigene Berechnungen.

Die öffentlich-rechtlichen Banken insgesamt haben im Verlauf beider Krisen ihren Kreditbestand ausgeweitet (Abbildung 2 unten). Diese Entwicklung ist weit überproportional von den Sparkassen getrieben. Die Kreditvergabe der Sparkassen ohne Landesbanken (Abbildung 4 oben) hat in der Coronakrise noch stärker zugelegt als dies in der Finanzkrise zu beobachten gewesen ist. Die Landesbanken sind von der Krise der verbrieften Immobilienkredite US-amerikanischen Ursprungs und den Verwerfungen im Bankensystem nach der Insolvenz von Lehman Brothers besonders betroffen gewesen. Diese besondere Betroffenheit zeigt sich auch darin, dass im Laufe des Jahres 2009 der Kreditbestand insgesamt genauso wie die Unternehmenskredite zurückgefahren wurden (Abbildung 4 unten). In der Coronakrise liegt der Kreditbestand der Landesbanken bislang durchgängig unterhalb des Ausgangsniveaus. Zuletzt erreichten die Landesbanken weniger als 95% des Niveaus im ersten Lockdown im März 2020. Der Kreditbestand der Landesbanken war in der Finanzkrise zwar anfänglich höher als im September 2008, zum Ende des Betrachtungszeitraums war er aber wieder auf das Ausgangsniveau zurückgefallen.

Abbildung 4

Coronakrise vis-a-vis Finanzkrise: Kreditbestandsentwicklung – Sparkassen ohne Landesbanken und Landesbanken

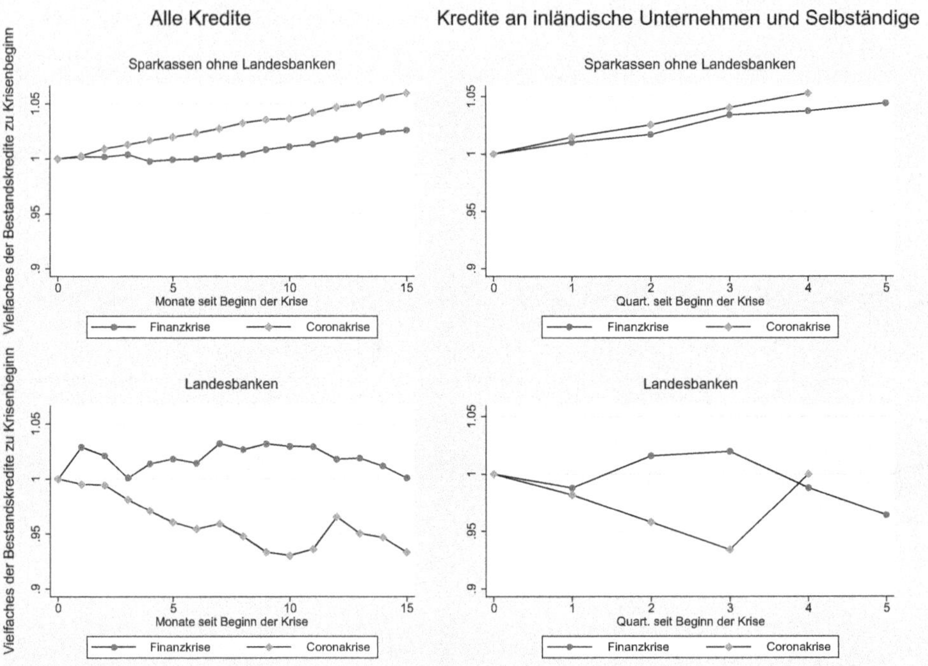

Quelle: Bundesbank, eigene Berechnungen.

Ähnlich wie bei den Sparkassen hat der Kreditbestand bei den Kreditgenossenschaften in beiden Krisen kräftig zugelegt (Abbildung 5 oben). Bei Gesamtbestand und Unternehmenskrediten (ab dem 2. Quartal 2020) verläuft der Anstieg gegenüber dem Ausgangsniveau in der Coronakrise gleichmäßiger und kräftiger als in der Finanzkrise. Am aktuellen Rand liegt der Gesamtkreditbestand der Kreditgenossenschaften um mehr als sechs Prozent höher als im März 2020.

Auffällig ist auch die Entwicklung des Gesamtbestandes der Kredite der Anderen Banken in der Coronakrise (Abbildung 5 unten). Während der Gesamtbestand in der Finanzkrise stark nach unten ging, zeigt der Trend in der Coronakrise stark aufwärts. Stärkere Zuwächse in der Coronakrise als in der Finanzkrise sind bei den Anderen Banken auch im Segment der Unternehmenskredite zu verzeichnen.

Abbildung 5

Coronakrise vis-a-vis Finanzkrise: Kreditbestandsentwicklung – Kreditgenossenschaften und Andere Banken

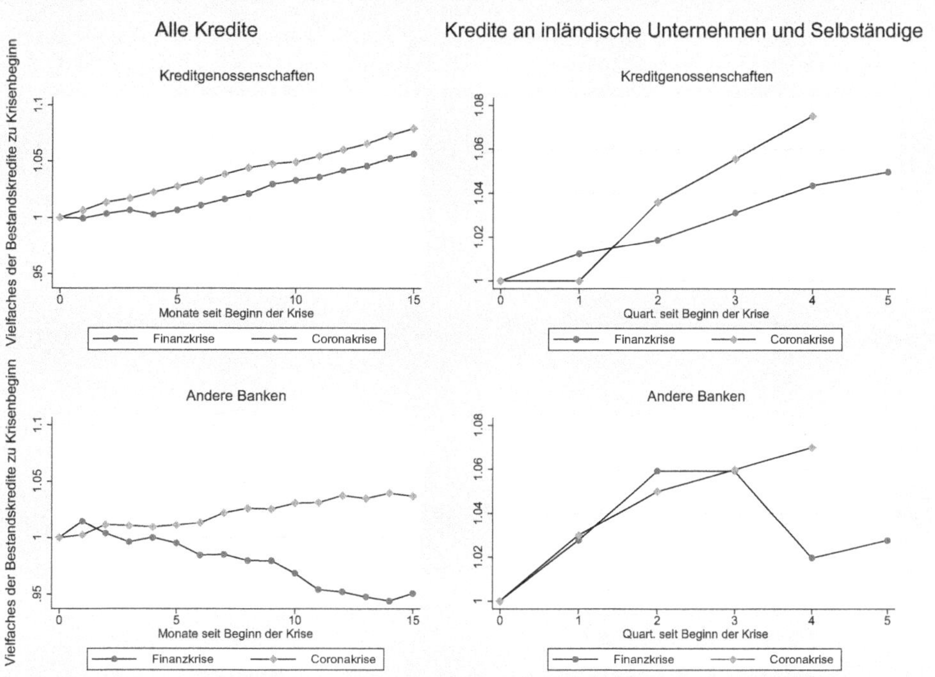

Quelle: Bundesbank, eigene Berechnungen.

Finanzkrise versus Coronakrise: Marktanteile

Die Entwicklungen der Kreditbestände spiegeln sich auch in den Marktanteilen von Geschäftsbanken, Sparkassen- und Genossenschaftssektor wider. Die Gewichte zwischen den Sektoren des deutschen Bankensystem haben sich in der Coronakrise anders verschoben als in der Finanzkrise. Die Startwerte der Bankengruppen in Tabelle 3 zeigen aber auch, dass es zwischen den betrachteten Krisenzeiträumen zu starken Änderungen der Marktanteile kam. Die Geschäftsbanken starten mit einem höheren Marktanteil am Gesamtkreditgeschäft in die Corona- als in die Finanzkrise. Im Verlauf der Krise büßen die Geschäftsbanken zwar Marktanteile ein, die Einbußen in der Coronakrise sind jedoch weitaus geringer als sie das in der Finanzkrise gewesen waren (Abbildung 6 oben links). Im Geschäft mit Krediten für inländische Unternehmen und Selbständige liegt der anfängliche Marktanteil der Geschäftsbanken in der Coronakrise ebenfalls höher als in der Finanzkrise (Tabelle 3). Die Geschäftsbanken verlieren in dem Segment allerdings auch in der Coronakrise wieder Marktanteile (Abbildung 6 rechts oben). Am aktuellen Rand liegt der

Tabelle 3

Marktanteile der Bankengruppen

Bankengruppe	Finanzkrise Alle Kredite Marktanteile im September 2008 in % des Gesamtkreditbestandes	Unternehmenskredite Marktanteile im 3. Quartal 2008 in % des Unternehmenskreditbestandes	Coronakrise Alle Kredite Marktanteile im März 2020 in % des Gesamtkreditbestandes	Unternehmenskredite Marktanteile im 1. Quartal 2020 in % des Unternehmenskreditbestandes
Geschäftsbanken	28.50	27.84	31.52	28.46
Öffentlich-rechtliche Banken	34.86	41.01	33.74	39.90
Kreditgenossenschaften	10.57	12.11	16.92	19.14
Andere Banken	26.07	19.04	17.82	12.51
Alle Bankengruppen	100.00	100.00	100.00	100.00
Großbanken	15.04	14.97	14.82	11.57
Zweigstellen ausländischer Banken	1.94	3.46	2.80	4.25
Sparkassen ohne Landesbanken	18.02	22.12	24.19	29.46
Landesbanken	16.84	18.89	9.56	10.44

Quelle: Deutsche Bundesbank, eigene Berechnungen.

Marktanteil bei den Unternehmenskrediten leicht unterhalb des entsprechenden Quartals in der Finanzkrise.

Die öffentlich-rechtlichen Banken insgesamt halten zu Beginn der Coronakrise im Gesamtbestand mit knapp 34 Prozent einen etwas kleineren Marktanteil als zu Beginn der Finanzkrise mit knapp 35 Prozent (Tabelle 3). Auch bei den Unternehmenskrediten liegen die Startwerte in der Coronakrise niedriger als in der Finanzkrise. Beim Gesamtkreditbestand gewinnen die öffentlich-rechtlichen Banken in der Coronakrise anders als in der Finanzkrise keine Marktanteile hinzu (Abbildung 6 unten). Die Werte liegen in der Coronakrise durchgängig unter eins. Bei den Unternehmenskrediten stellen sich in beiden Krisen nach anfänglichen Verlusten Marktanteilsgewinne für den öffentlich-rechtlichen Bankensektor ein.

Abbildung 6

Coronakrise vis-a-vis Finanzkrise: Marktanteile – Geschäftsbanken und Öffentlich-rechtliche Banken

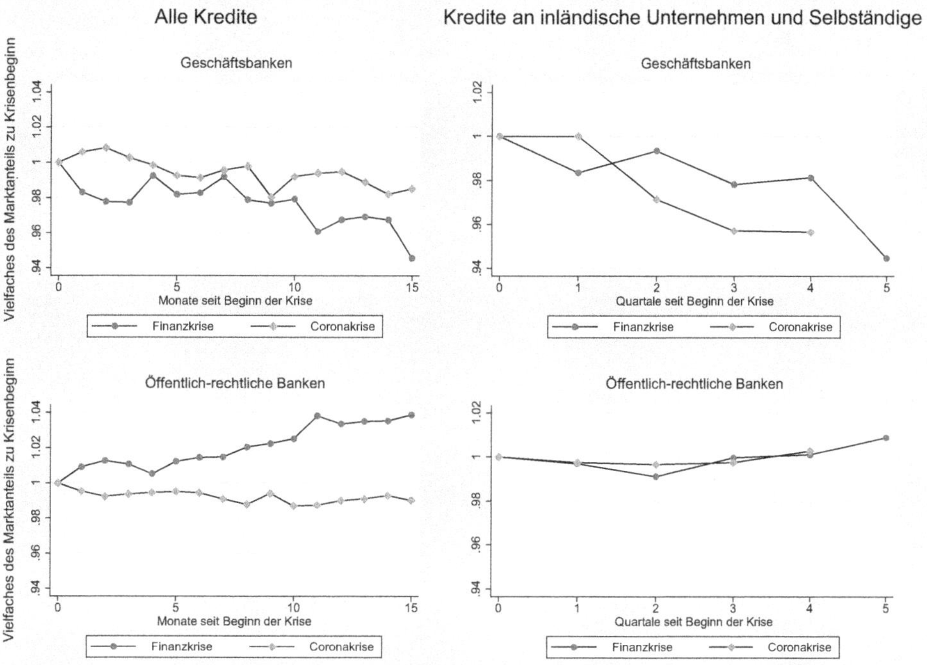

Quelle: Deutsche Bundesbank, eigene Berechnungen.

Abbildung 7 gibt Aufschluss über die treibenden Kräfte hinter der Entwicklung bei den Geschäftsbanken. Der Untergruppe der Großbanken (Abbildung 7 oben) gelingt es in der Coronakrise zwischenzeitlich den Marktanteil auszubauen, wohingegen sie im Verlauf der Finanzkrise durchgängig Einbußen gegenüber dem Marktanteil zu Krisenbeginn hinnehmen musste. Bei den Unternehmenskrediten starten die Großbanken mit einem etwa drei Prozent höheren Marktanteil in die Coronakrise als in die Finanzkrise (Tabelle 3). Bei den Unternehmenskrediten liegt der Marktanteil der Großbanken nach fünf Quartalen Coronakrise, anders als in der Finanzkrise, wieder nahe am Ausgangsniveau (Abbildung 7 rechts oben).

Abbildung 7

Coronakrise vis-a-vis Finanzkrise: Marktanteile – Großbanken und Zweigstellen ausländischer Banken

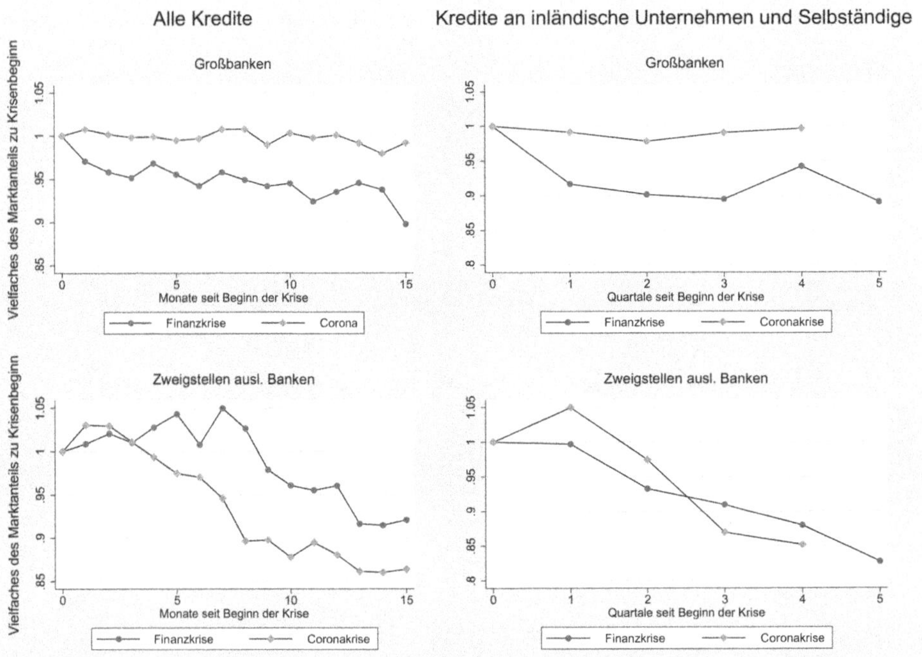

Quelle: Deutsche Bundesbank, eigene Berechnungen.

In beiden Krisen sind die Zweigstellen ausländischer Banken ein wesentlicher Treiber der Marktanteilsverluste bei der Gruppe der Geschäftsbanken (Abbildung 7 links unten). Sie ziehen sich nach anfänglichem Aufschwung in beiden Krisen spürbar aus dem Kreditgeschäft zurück. Dementsprechend fallen die Marktanteile im Verlauf der beiden Krisen in beiden Segmenten, Gesamtbestand und Unternehmenskredite, unter den Wert eins und damit unter das Ausgangsniveau zu Beginn der Krisen.

Der leichte Rückgang zwischen den Krisen bei den Marktanteilen des gesamten öffentlich-rechtlichen Bankensektors ist auf den starken Geschäftsabbau bei den Landesbanken zurückzuführen (Tabelle 3). Dieser betrifft sowohl den Gesamtbestand als auch die Unternehmenskredite. Demgegenüber liegt der Marktanteil der Sparkassen ohne Landesbanken im März 2020 im Gesamtbestand um etwa fünf Prozent höher als im September 2008. Bei den Unternehmenskrediten ist der Marktanteil im ersten Quartal 2020 um gut sieben Prozent höher als im Startquartal der Finanzkrise. Abbildung 8 zeigt, dass die Sparkassen ohne die Landesbanken in beiden Krisen Marktanteile im Gesamtmarkt und bei den Unternehmenskrediten hinzugewinnen (Abbildung 8 oben). Bei den Landesbanken setzt sich der Trend zwischen den Krisen fort. Der Marktanteil geht auch in der Coronakrise bei Gesamtbestand und Unternehmenskrediten weiter zurück (Abbildung 8 unten).

Abbildung 8

Coronakrise vis-a-vis Finanzkrise: Marktanteile – Sparkassen und Landesbanken

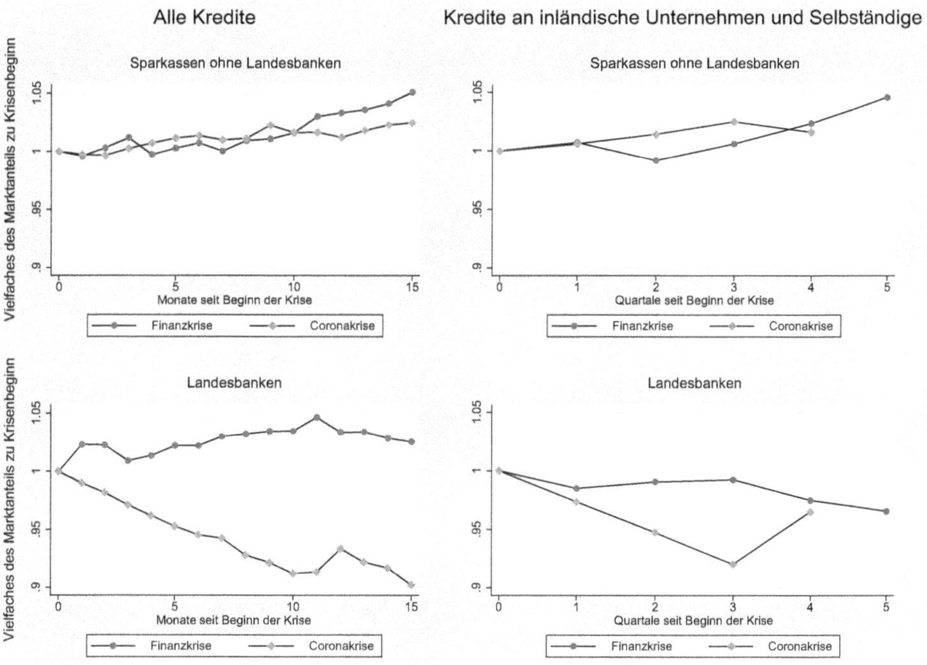

Quelle: Deutsche Bundesbank, eigene Berechnungen.

Abbildung 9 zeigt die Entwicklung der Marktanteile der Kreditgenossenschaften und der Anderen Banken. Die Kreditgenossenschaften haben im Verlauf der Finanzkrise und zwischen den beiden Krisen am meisten Marktanteile hinzugewonnen. Lag der Marktanteil im September 2008 noch bei weniger als 11 Prozent so hat er im März 2020 annähernd die Marke von 17 Prozent erreicht. Auch bei den Unternehmenskrediten haben die Kreditgenossenschaften ihren Marktanteil zwischen September 2008 und März 2020 ebenfalls substanziell steigern können. Im ersten Quartal 2020 lag der Marktanteil bei mehr als 19 Prozent gegenüber nur gut 12 Prozent im dritten Quartal 2008 (Tabelle 3). Abbildung 9 oben zeigt auch, dass der Marktanteilsgewinn der Kreditgenossenschaften in der Finanzkrise bei den Krediten insgesamt höher war als bislang in der Coronakrise. Bei den Unternehmenskrediten hingegen ist es bis dato umgekehrt.

Abbildung 9

Coronakrise vis-a-vis Finanzkrise: Marktanteile – Kreditgenossenschaften und Andere Banken

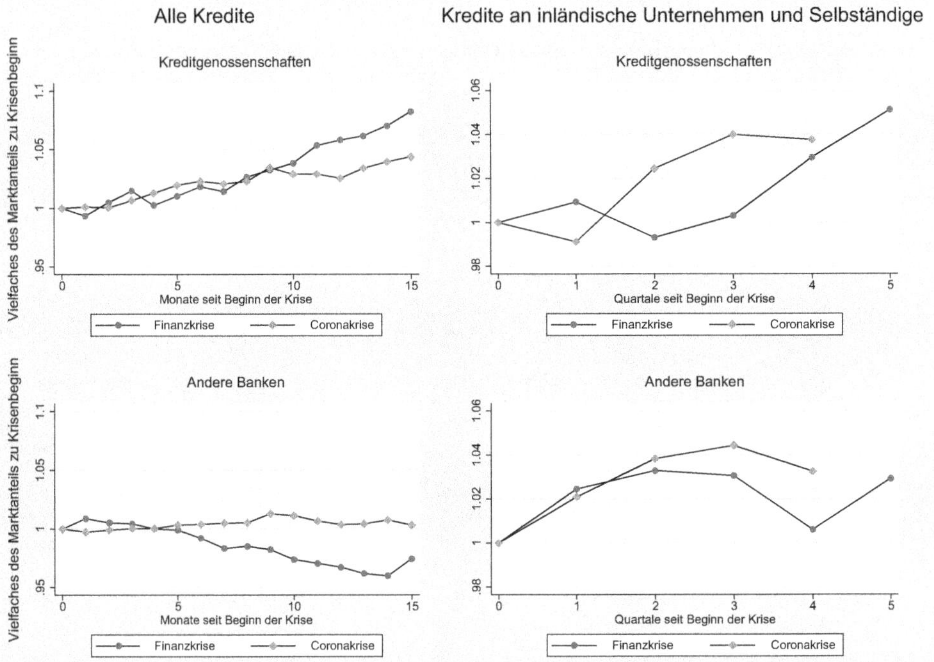

Quelle: Deutsche Bundesbank, eigene Berechnungen.

Die Anderen Banken haben in der Coronakrise in beiden Segmenten tendenziell Marktanteile dazugewonnen. Der Zuwachs ist im Gesamtkreditmarkt leicht positiv, wohingegen der Marktanteil in der Finanzkrise nach anfänglichen Gewinnen zurückging. Im Bereich der Unternehmenskredite ist der Marktanteil in beiden Krisen kräftig gestiegen. Nach fünf Quartalen Coronakrise sind die Zugewinne gegenüber dem Ausgangsniveau ausgeprägter als im entsprechenden Zeitraum der Finanzkrise.

Zusammenfassung und Fazit

Im Mittelpunkt des Betrages steht die Frage, ob sich Banken in der Coronakrise bei der Kreditvergabe anders verhalten haben als in vorangegangenen Krisen dieses Jahrhunderts, der Dotcom-Krise und der globalen Finanzkrise. Wir haben die Wirkung von Dotcom-Krise, Finanzkrise und Coronakrise auf die Kreditquote der Bankengruppen geschätzt sowie Kreditvergabe und Marktanteil der einzelnen Bankengruppen in Finanzkrise und Coronakrise direkt miteinander verglichen. Die Befunde zeigen, dass der Einfluss der Coronakrise auf das Kreditvergabeverhalten der Banken anders ist als der Einfluss der Finanzkrise. Der Sektor insgesamt zeigt ebenso wie einzelne

Bankengruppen in der Coronakrise ein deutlich expansiveres Verhalten als in der Finanzkrise. Der Spruch „This time is different" ist daher für das deutsche Bankwesen nicht falsch.

Zu Beginn der Maßnahmen gegen die Pandemie prognostizierten nicht wenige Ökonominnen und Ökonomen, dass dem deutschen Bankensektor eine weitere schwere Krise bevorstehen würde und ähnliche Einschränkungen des Kreditgeschäfts wie in der Finanzkrise befürchtet werden müssten. Diese Prognosen sind bislang nicht eingetreten. Dafür verantwortlich dürften im Wesentlichen die staatlichen Unterstützungsprogramme für die Realwirtschaft und die Wertpapierkaufprogramme der Europäischen Zentralbank sein. Die staatlichen Institutionen haben in der Coronakrise wie eine Art „Versicherer" der letzten Instanz agiert. Aus diesem Grund sind die realwirtschaftlichen Verwerfungen kaum in den Finanzsektor eingetragen worden. Bis dato haben die Banken offenbar keine Veranlassung gesehen in den Finanzkrisenmodus umzuschalten.

Literaturverzeichnis

— Banerjee, Ryan N., Leonardo Gambacorta und Enrico Sette (2021): The real effects of relationship lending, Journal of Financial Intermediation 48, October 2021.
— Besanko, D. und A. V. Thakor (1987): Collateral and Rationing: Sorting Equilibria in Monopolistic and Competitive Credit Markets. International Economic Review 28, 671–689.
— Bester, H. (1985): Screening vs. Rationing in Credit Markets with Imperfect Information. American Economic Review 75, 850–855.
— Bolton, Patrick, Xavier Freixas, Leonardo Gambacorta und Paolo Emilio Mistrulli (2016): Relationship and Transaction Lending in a Crisis, The Review of Financial Studies 29 (10), 2643–2676, https://doi.org/10.1093/rfs/hhw041.
— Deutsche Bundesbank: Geld und Geldpolitik, Frankfurt am Main, 2019.
— Driscoll, J. C., und A. C. Kraay (1998): Consistent covariance matrix estimation with spatially dependent panel data. Review of Economics and Statistics 80, 549–560.
— Gambacorta, Leonardo und David Marques-Ibanez (2011): The bank lending channel: lessons from the crisis, Economic Policy 26 (66), 135–182.
— Hellwig, M. (1988): „Kreditrationierung und Kreditsicherheiten bei asymmetrischer Information: Der Fall des Monopolmarktes", in: Rudolph, B. und Wilhelm, J. (Hrsg.), Bankpolitik, finanzielle Unternehmensführung und die Theorie der Finanzmärkte, Duncker und Humblot, Berlin, 135–162.
— Hoechle, Daniel (2007): Robust Standard Errors for Panel Regressions with Cross-Sectional Dependence, Stata Journal 7 (3), 281–312.
— Reinhart, Carmen M. und Kenneth S. Rogoff (2009): This Time Is Different: Eight Centuries of Financial Folly, 2009 Princeton University Press.
— Schäfer, D. und K. F. Zimmermann (2009): Bad Bank(s) and the Recapitalisation of the Banking Sector, Intereconomics 44 (4), 215–225. https://www.intereconomics.eu/contents/year/2009/number/4/article/bad-banks-and-the-recapitalisation-of-the-banking-sector.html.
— Sette, E. und G. Gobbi (2015): Relationship Lending During a Financial Crisis, Journal of the European Economic Association, 13: 453–481. https://doi.org/10.1111/jeea.12111.
— Shahidul, Islam M. (2011): The Global Financial Crisis and the Bank Lending Channel. In: Emerging Asia. Palgrave Macmillan Studies in Banking and Financial Institutions. Palgrave Macmillan, London. https://doi.org/10.1057/9780230306271_16.
— Stiglitz, J. E. und A. Weiss (1981): Credit Rationing in Markets with Imperfect Information. American Economic Review 71, 393–410.

Die Auswirkungen der Coronapandemie auf die finanzielle Lage unterschiedlicher Gruppen von mittelständischen Unternehmen und deren Folgen für den Kreditzugang

FRITZI KÖHLER-GEIB UND VOLKER ZIMMERMANN

Dr. Fritzi Köhler-Geib, Chefvolkswirtin der KfW Bankengruppe, Email: Friederike.Koehler-Geib@kfw.de
Dr. Volker Zimmermann, KfW Research, Email: Volker.Zimmermann@kfw.de

Zusammenfassung: Die Coronapandemie hat sichtbare Spuren bei der Liquiditätssituation und den Eigenkapitalquoten mittelständischer Unternehmen hinterlassen. Vor dem Hintergrund einer guten Ausgangslage und insgesamt einer Stabilisierung der Lage im Krisenverlauf ist eine Überschuldung des Unternehmenssektors in der Breite jedoch unwahrscheinlich. Die Auswirkungen betreffen den gesamten Mittelstand jedoch nicht einheitlich, sondern treten verstärkt in einzelnen Segmenten auf, vor allem bei kleinen Unternehmen, in bestimmten Wirtschaftszweigen, auslandsaktiven Unternehmen und Unternehmen mit schon vor Corona schwächerer Bonität. Dies belastet das Kreditklima: Die Risikosensitivität von Kreditinstituten nimmt zu. Die von der Coronakrise betroffenen Unternehmenssegmente sehen sich häufiger höheren Anforderungen bei den Kreditsicherheiten sowie Zinserhöhungen gegenüber, wenn auch insgesamt der Kreditkanal während der Krise bisher aufgrund von Geld- und Fiskalpolitischen Maßnahmen offen geblieben ist, einen Beitrag zur Stabilisierung geleistet hat, und diese Effekte weniger stark als in der Finanzkrise 2008/09 sind.

Summary: The Corona pandemic has left visible traces on the liquidity situation and equity ratios of medium-sized companies. Against the background of a good starting position and an overall stabilisation of the situation in the course of the crisis, over-indebtedness of the corporate sector across the board is unlikely. However, the effects do not affect the entire SME sector uniformly, but occur more strongly in specific segments, especially among small companies, in certain economic sectors, foreign-active companies and companies that already had a weaker credit rating before Corona. This weighs on the credit climate: the risk sensitivity of credit institutions is

→ JEL classification: M2, G32, O16
→ Keywords: Corona crisis, SMEs, financial stress, access to credit, burden on the credit climate, necessary course-setting through economic policy

increasing. The company segments affected by the Corona crisis are more frequently faced with higher requirements for loan collateral as well as interest rate increases, even if overall the credit channel has remained open during the crisis so far due to monetary and fiscal policy measures, has made a contribution to stabilisation, and these effects are less strong than in the financial crisis of 2008/09.

Einleitung

Von der im Frühjahr 2020 in Deutschland ausgebrochenen Coronapandemie gehen starke Auswirkungen auf unser Leben, aber auch auf die Unternehmen in Deutschland aus. Wie Abbildung 1 zeigt, müssen mittelständische Unternehmen mit zwischen 66 % (zu Beginn der Pandemie) und 39 % (im Mai 2021) vor allem Umsatzeinbußen aufgrund der Coronakrise verkraften. Deutlich seltener sind die Unternehmen von anderen Auswirkungen der Pandemie bzw. deren Eindämmungsmaßnahmen betroffen. Weitere, häufig genannte negative Auswirkungen der Pandemie sind der Ausfall von Mitarbeitern (z. B. durch Krankheit, aber auch durch Betreuung von Kindern, o. ä.), Störungen der Lieferketten sowie die Einstellung des Geschäftsbetriebs oder Schwierigkeiten bei der Umsetzung von Hygienekonzepten. Für nahezu alle Coronafolgen gilt, dass sie insbesondere zu Beginn der Pandemie häufig aufgetreten sind, und sich im weiteren Krisenverlauf etwas Entspannung einstellt hat.

Im Folgenden wird daher untersucht, welche Segmente des Mittelstands von den finanziellen Auswirkungen der Pandemie besonders betroffen sind, inwiefern sich dies auf den Kreditzugang der betroffenen Unternehmen auswirkt und welche Weichenstellungen für die Wirtschaftspolitik aus volkswirtschaftlicher Sicht sinnvoll sind.

Abbildung 1

Betroffenheit von Coronafolgen im Mittelstand
in %

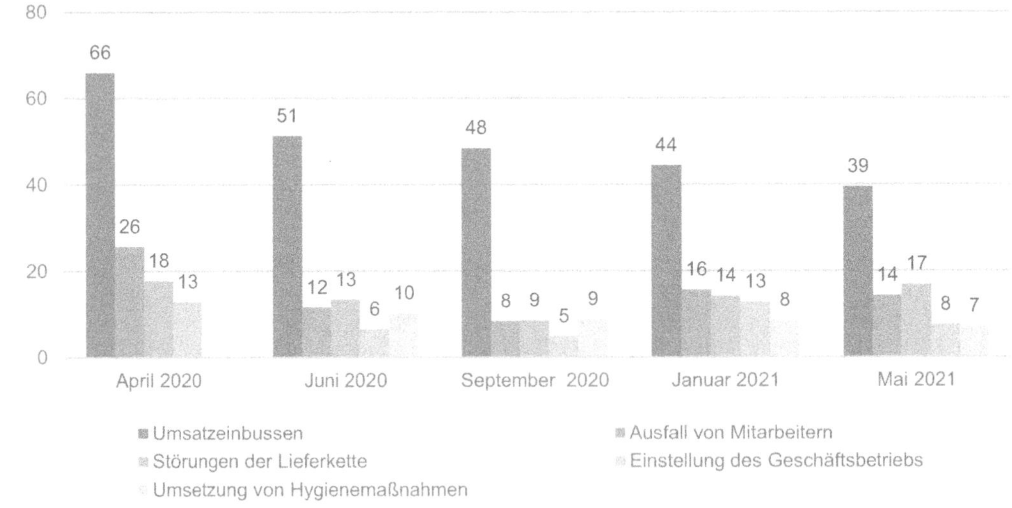

Quelle: KfW-Mittelstandspanel, 1. bis 5. Corona-Sondererhebungen.

Abgrenzung des Mittelstands und Datenbasis für die Untersuchung der Krisenbetroffenheit

Der Begriff „Mittelstand" wird in dieser Untersuchung gemäß der Definition der KfW Bankengruppe verwendet. Dazu zählen gewerbliche Unternehmen und Freiberufler aller Branchen – ohne Landwirtschaft und Fischerei – mit einem Jahresumsatz von bis zu 500 Mio. EUR.

Die Datenbasis für den ersten Teil der Untersuchung bildet das seit 2003 erhobene KfW-Mittelstandpanel, das eine breite Datenbasis für die genannten Gruppe von Unternehmen bietet und insbesondere auch Unternehmen mit weniger als 5 Beschäftigten beinhaltet. Die Befragungsergebnisse können nach den Dimensionen Beschäftigtengröße, Wirtschaftszweigzugehörigkeit (jeweils 6 Klassen), Region des Unternehmenssitzes (Ost- vs. Westdeutschland) sowie dem Förderstatus (KfW-gefördert vs. nicht-KfW-gefördert) auf die Grundgesamtheit des Mittelstands hochgerechnet werden (Gerstenberger und Schwartz 2020). Um die Auswirkungen der Coronakrise zeitnah verfolgen zu können, wurden bislang unterjährig zusätzlich fünf ergänzende Online-Befragungen durchgeführt. Je nach Erhebungswelle können zwischen 2.200 und 2.800 Unternehmensantworten für die vorliegende Untersuchung ausgewertet werden, die mit der Hauptbefragung des Jahres 2020 verknüpft und auf die Grundgesamtheit der mittelständischen Unternehmen hochgerechntet werden.

Umsatzeinbußen belasten die Liquiditätslage und die Eigenkapitalquote

Die dargelegten Umsatzeinbrüche belasten die Liquiditätslage in vielen Unternehmen. Analog zum Rückgang der Umsatzeinbußen entspannt sich im weiteren Krisenverlauf jedoch auch die Liquiditätslage in vielen mitttelständischen Unternnehmen. Dazu dürften, neben den Lockerungsmaßnahmen bzw. dem weniger strengen 2. Lockdown, auch die staatlichen Unterstützungsmaßnahmen und die umfangreichen Anpassungsmaßnahmen mittelständischer Unternehmen beigetragen haben. Diese betrafen beispielsweise die Angebotspaletten, interne Prozesse und Vertriebskanäle (Zimmermann 2020a) und dürften sich unmittelbar auf die Absatz- und Kostensituation ausgewirkt haben. Nicht zuletzt dürften auch Digitalisierungsmaßnahmen, wie der Ausbau der Homeoffice-Kapazitäten in Verbindung mit Maßnahmen zur Verbesserung der digitalen Kommunikation, dazu beigetragen haben, dass die Ausfälle von Mitarbeitern begrenzt und der Geschäftsbetrieb insgesamt besser aufrechterhalten werden konnte. Dennoch waren viele Unternehmen gezwungen, Liquiditätsreserven anzugreifen oder sich zur Überbrückung der Krise zusätzlich zu verschulden. Im Folgenden wird daher untersucht, wie sich die Liquiditätslage und die Eigenkapitalquote in einzelnen Segmenten des Mittelstands bis in den Mai 2021 entwickelt haben.

22 % der mittelständischen Unternehmen weisen in der Mai-Erhebung eine stark angespannte Liquiditätssituation mit einer Reichweite ihrer Liquidität von maximal zwei Monaten auf. Über eine, in der Beurteilung der Unternehmen, ausreichende Liquiditätslage, die für ein Jahr oder länger ausreicht, verfügen dagegen knapp die Hälfte der Unternehmen (s. Abbildung 2). Die Eigenkapitalquote hat sich bis Mai 2021 in knapp einem Viertel der mittelständischen Unternehmen gegenüber der Situation im Jahr 2019 verschlechtert (s. Abbildung 3). Dem stehen immerhin 17 % an Unternehmen gegenüber, die im Pandemie-Zeitraum ihre Eigenkapitalquote sogar verbessern konnten. Bei weiteren 47 % der Unternehmen entwickelte sich die Eigenkapitalquote stabil und 13 % der Unternehmen konnten zum Befragungszeitpunkt die Entwicklung

noch nicht abschätzen. Zur Einordnung dieser Ergebnisse gehört auch die solide Eigenkapitalausstattung des Mittelstands vor der Krise. Von durchschnittlich rund 18 % um die Jahrtausendwende war die Eigenkapitalquote auf 31,8 % 2019 angestiegen.

Kleine Mittelständler häufig negativ bei Liquidität und Eigenkapitalquote von Corona betroffen

Bei der Unternehmensgröße zeigt sich sowohl hinsichtlich der Liquiditätssituation als auch der Entwicklung der Eigenkapitalquote ein klarer Trend. Mit zunehmender Unternehmensgröße[1] sinkt der Anteil der Unternehmen mit stark angespannter Liquiditätslage, während jener mit einer ausreichenden Liquidität (Reichweite ein Jahr oder länger) deutlich zunimmt. Dieser Trend setzt ab einer Unternehmensgröße von 10 Beschäftigten ein. Der Anteil der Unternehmen mit stark angespannter Liquditätslage sinkt von 24 % in der Gruppe der Unternehmen mit 5 bis unter 10 Beschäftigten auf 9 % in der Gruppe der großen Mittelständler (50 und mehr Beschäftigte). Im Gegenzug steigt der Anteil der Unternehmen mit einer ausreichenden Liquidität in den genannten Gruppen deutlich. Grund für die stärkere Betroffenheit kleiner Unternehmen dürfte sein, dass sie typischerweise über geringere Reserven verfügen und daher bei Umsatzeinbußen schneller an ihre Liquiditätsgrenzen stoßen. Ein ähnliches Resultat zeigt sich auch für die Entwicklung der Eigenkapitalquote. Vor allem der Anteil der Unternehmen, der seine Eigenkapitalquote während der Pandemie steigern konnte, steigt von 15 % bei den kleinen auf 30 % bei den großen Mittelständlern mit 50 oder mehr Beschäftigten.

Baugewerbe am wenigsten durch Corona betroffen

Hinsichtlich der Wirtschaftszweigzugehörigkeit hebt sich vor allem das Baugewerbe mit 60 % an Unternehmen mit einer ausreichenden Liquidität von den anderen Wirtschaftszweigen ab. Gerade die Geschäftslage am Bau wurde durch die Coronapandemie nur geringfügig negativ beeinflusst. Auch Dienstleistungsunternehmen verfügen mit einem Anteil von 48 % vergleichsweise häufig über eine ausreichende Liquidität. Unternehmen dieses Wirtschaftszweigs sind mit 21 % auch am seltensten von einer stark angespannten Liquiditätslage betroffen. Im Hinblick auf eine stark angespannte Liquiditätslage gilt jedoch insgesamt, dass sich die Anteile zwischenden Wirtschaftszweigen nur vergleichsweise geringfügig voneinander unterscheiden. Im Handel und im Verarbeitendenen Gewerbe stellt sich dagegen die Liquditätslage am schlechtesten dar. Mit 43 % bzw. 41 % liegen die Anteile der Unternehmen mit einer ausreichenden Liquidität am niedrigsten.

Diese Ergebnisse bestätigen sich durch die Entwicklung der Eigenkapitalquoten. Als einziger Wirtschaftszweig weisen im Bau sogar mehr Unternehmen gestiegene Eigenkapitalquoten auf als gesunkene. Bei Handels- und Dienstleistungsunternehmen überwiegen dagegen die Unternehmen mit Verschlechterungen der Eigenkapitalqoten deutlich, während im Verarbeitenden Gewerbe sich vergleichsweise große Anteile an Unternehmen mit gestiegenen sowie mit gesunkenen Eigenkapitalquoten gegenüberstehen.

1 Die Berechnung der Beschäftigtengröße erfolgt in Vollzeitäquivalenten, wobei alle aktiven Inhaber, aber keine Auszubildende einbezogen werden. Zwei Teilzeitbeschäftigte zählen als ein Vollzeitbeschäftigter.

Abbildung 2

Liquiditätslage im Mai 2021
in %

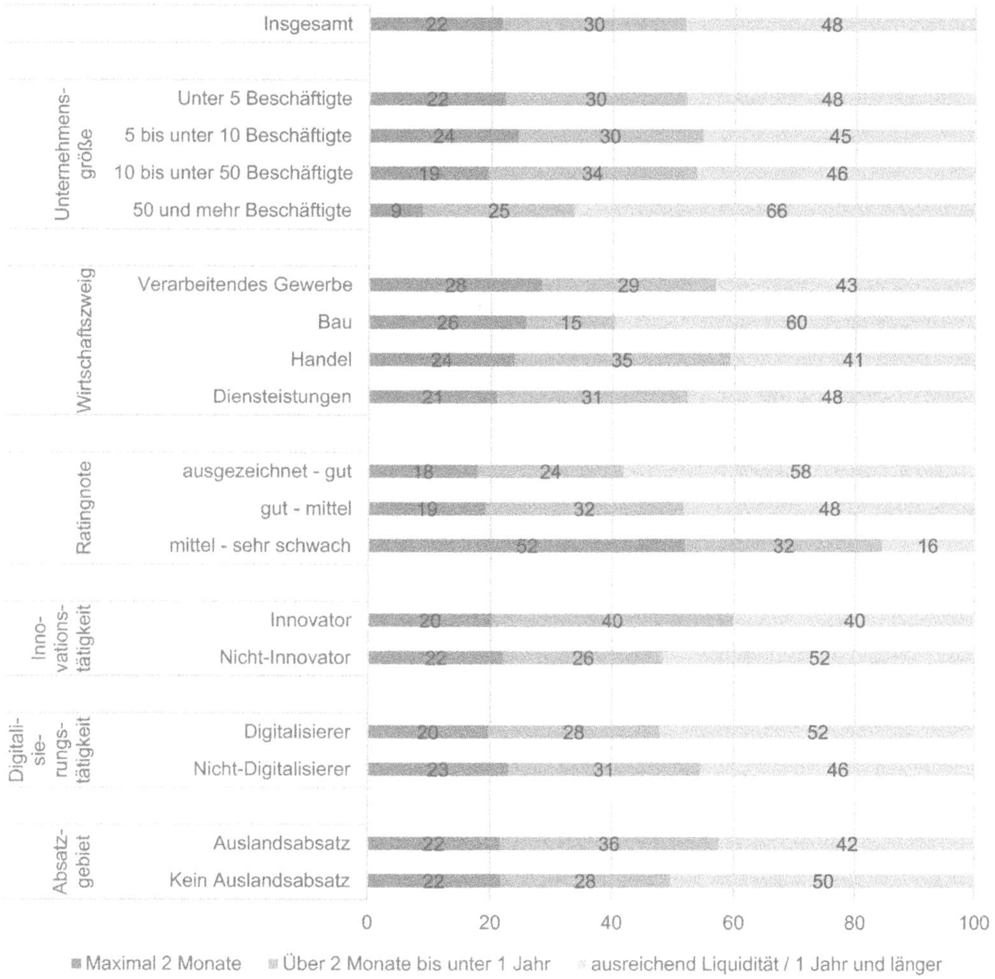

Quelle: KfW-Mittelstandspanel, 5. Corona-Sondererhebungen.

Die höhere Betroffenheit im Handel dürfte sich daraus erklären, dass insbesondere der Einzelhandel von Maßnahmen zur Pandemieeindämmung, wie Schließungen oder Geschäftsbetrieb unter Auflagen, betroffen waren. Der Groß- und Außenhandel dürfte vor allem durch den Einbruch des Welthandels und von Störungen der Lieferketten in Mitleidenschaft gezogen worden sein. Auch für das stärker exportorientierte, mittelständische Verarbeitende Gewerbe dürfte dies gelten (Abel-Koch und Ullrich 2020). Erst im Frühjahr 2021 zeichnete sich eine Erholung auf den Exportmärkten ab, während Störungen in den Lieferketten auch insgesamt für einen beachtlichen Teil der mittelständischen Unternehmen weiterhin relevant sind (s. Abbildung 1).

Abbildung 3

Entwicklung der Eigenkapitalquote gegenüber der Situation vor Corona (2019) in %

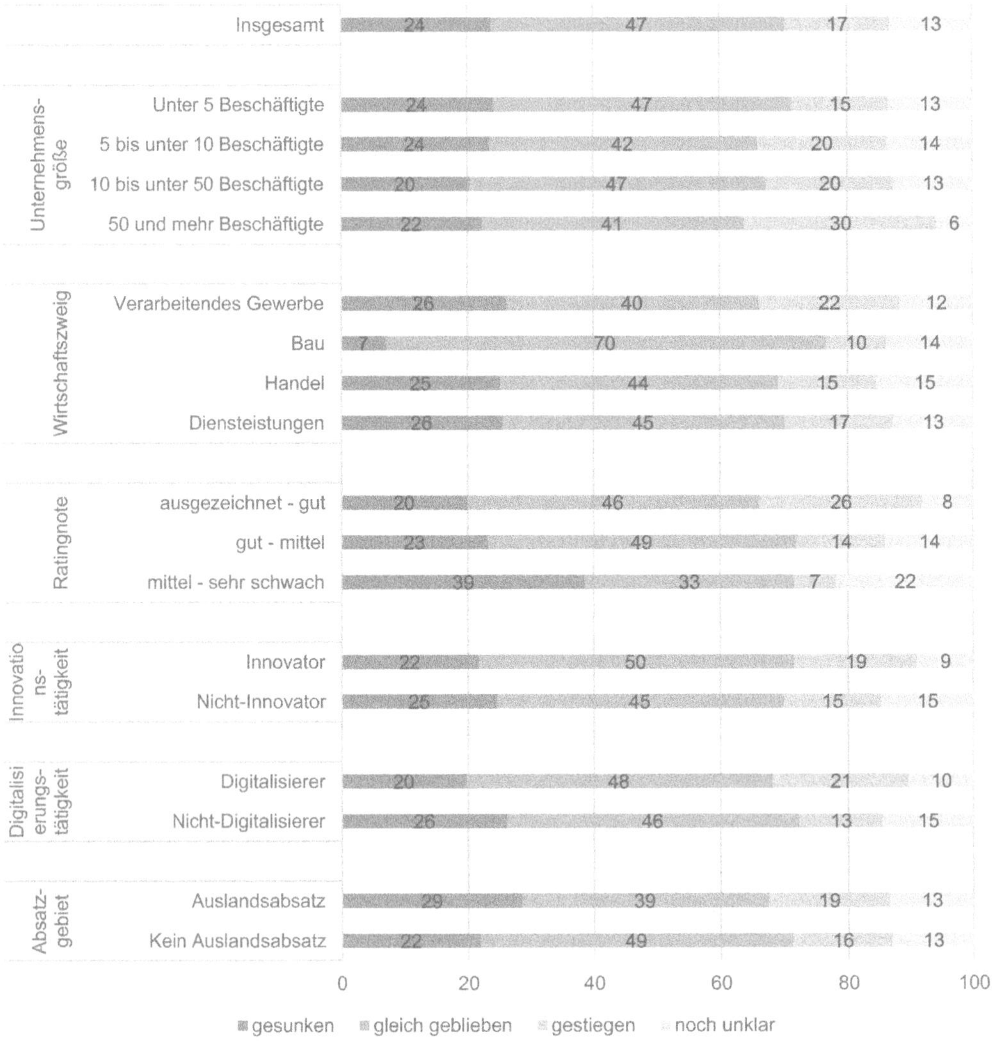

Quelle: KfW-Mittelstandspanel, 5. Corona-Sondererhebungen.

Unternehmen mit guter Bonitätseinstufung vor Corona kommen zumeist besser durch die Krise

Bezüglich der Ratingeinstufung vor Krisenbeginn zeigt sich,[2] dass mittelständische Unternehmen, die ausgezeichnete bis gute Bonitätsbeurteilungen aufweisen, auch durch die Coronakrise seltener in eine stark angespannte Liquiditätssituation rutschten bzw. häufiger über eine ausreichende Liquidität verfügen als Unternehmen mit einer schlechteren Bonitätsbeurteilung. So liegt der Anteil der Unternehmen mit einer gesicherten Liquiditätsversorgung in der Gruppe der Unternehmen mit einer „ausgezeicheten bis guten" Bonität mit 58 % am höchsten. Dagegen verfügen lediglich 16 % der Unternehmen mit einer „mittleren bis sehr schwachen" Bonität über eine über ein Jahr gesicherte Liquiditätsversorgung.

Die Entwicklung der Eigenkapitalquoten bestätigt diese Ergebnisse. So nimmt der Anteil der Unternehmen, die Verschlechterungen der Eigenkapitalquote hinnehmen müssen, von 20 % in der Kategorie mit der besten Ratingnote auf 39 % in jener mit der schwächsten Bonitätsbewertung zu. Im Gegenzug sinkt der Anteil der Unternehmen mit Verbesserungen der Eigenkapitalquote von 26 auf 7 %.

Insgesamt ist dieses Ergebnis nicht sehr überraschend, denn in einer guten Ratingbeurteilung spiegeln sich unter anderem auch größere Liquiditätsreserven wider. Darüber hinaus kann die Ratingnote aber auch als ein Indikator für die Unternehmensqualität selbst herangezogen werden (Peters et al. 2017). Etwa hinsichtlich in großen Erhebungen oftmals nicht beobachtbarer Merkmale, wie beispielsweise die Qualität des Managements. Dies gilt, da eine gute Bonitätsbewertung auf einer in der Vergangenheit anhaltend guten Geschäftsentwicklung basiert. Nicht zuletzt gehen auch Indikatoren zur Managementqualität unmittelbar in die Berechnung der Bonität ein. Gerade solche Qualitäten können dazu beigetragen haben, die Coronakrise erfolgreicher zu bestehen als Unternehmen mit weniger ausgeprägten Managementkompetenzen.

Innovatoren und Digitalisierer kommen im Hinblick auf ihre Eigenkapitalquoten besser durch die Krise

Für die Einteilung der Unternehmen nach ihrer Innovations- und Digitalisierungsaktivitäten vor der Coronapandemie fallen die Ergebnisse bezüglich der Liqduditätslage nicht ganz so eindeutig aus, wie es aufgrund der vorherrschenden Literaturmeinung hätte erwartet werden können. Diverse Studien hatten zum Ergebnis, dass innovative bzw. bei der Digitalisierung fortgeschrittene Unternehmen besser durch zurückliegende Krisen gekommen sind (Dachs und Peters 2020, Bertschek et al. 2019). Für die Liquiditätssituation kann aktuell dagegen ermittelt werden, dass Innovatoren wie Nicht-Innovatoren ähnlich häufig sehr kurze Reichweiten ihrer Liquidität aufweisen, während der Anteil der Unternehmen mit einer ausreichenden Liquidität unter den Nicht-Innovatoren deutlich höher als unter den Innovatoren ausfällt. Bezüglich der Digitalisierungsak-

---

2 Die in dieser Studie verwendete Bonitätseinstufung der Vereine Creditreform wird die Bonität auf einer Skala von 100 bis 600 ermittelt, wobei 100 den besten erreichbaren Wert für die Bonität und 600 die Zahlungseinstellung bedeuten. Die Kategorie „ausgezeichnet – gut" beinhaltet Unternehmen mit einem Indexwert bis 229, die Kategorie „gut – mittel" die Werte von 230 bis 299 sowie die Kategorie „mittel – sehr schwach" Unternehmen mit einem Indexwert von 300 und höher. Die Klassengrenzen wurden so gewählt, dass auf alle Gruppen für die Analyse ausreichend viele Beobachtungen entfallen.

tivitäten zeigt sich dagegen, dass unter den Digitalisierern der Anteil mit sehr kurzer Liquiditätsreichweite geringfügig geringer, dafür jener mit ausreichend Liquidität etwas höher ausfällt.

Bezüglich der Eigenkapitalquote zeigt sich dagegen das erwartete Bild: In Unternehmen, die vor Corona Innovationen hervorgebracht haben oder Digitalisierungsprojekte durchgeführt haben, sinken die Eigenkapitalquoten seltener und steigen dafür häufiger als in ihren Pendants ohne Innovationen bzw. Digitalisierung. So belaufen sich die Salden (Anteil Verbesserung der Eigenkapitalquote abzüglich Anteil Verschlechterung) bei den Innovatoren auf –3, bei den Digitalisierern auf –1 Saldenpunkte. Dagegen lauten die entsprechenden Werte für Nicht-Innovatoren –10 bzw. für Nicht-Digitalisierer –13 Saldenpunkte. Dies deutet darauf hin, dass Innovatoren und Digitalisierer zwar Liquiditätsengpässe hinnehmen mussten, aber nicht gezwungen waren, sich zusätzlich zu verschulden oder Liqudätsreserven aufzubrauchen.

Gerade für vor der Krise innovative Unternehmen kann ermittelt werden, dass sie auch während der Krise ihre Innovations- und Digitalisierungsaktivitäten häufiger beibehalten oder sogar noch gesteigert haben (Zimmermann 2021a, Zimmermann, 2021b). Dies kann ausschlaggebend dafür sein, dass diese Unternehmen bislang besser durch die Krise kommen als andere Unternehmen.

Auslandsaktive Unternehmen sind häufiger Verlierer in der Coronakrise

Auch Unternehmen, die vor Corona Umsätze im Ausland erzielt haben, sind bezüglich ihrer Liquidität und der Entwicklung der Eigenkapitalquote schlechter durch die Coronakrise gekommen, als lediglich im Inland aktive Unternehmen. Mit 42 % im Vergleich zu 50 % an Unternehmen mit ausreichender Liquidität fällt insbesondere dieser Anteil unter den auslandsaktiven Unternehmen deutlich geringer aus. Hinsichtlich der Eigenkapitalquote gilt, dass bei den auslandsaktiven Unternehmen sowohl der Anteil an Unternehmen mit einer verschlechterten als auch mit einer verbesserten Eigenkapitalquote höher liegt als bei den nur inlandsaktiven Unternehmen. Insgesamt fällt der Saldo (aus Verbesserung abzüglich Verschlechterung) unter den lediglich inlandsaktiven Unternehmen jedoch um 6 Saldenpunkte günstiger aus. Die Gründe hierfür düften im bereits angesprochenen Einbruch der Weltkonjunktur sowie Beeinträchtigungen in den, bei diesen Unternehmen auch häufiger internationalen, Lieferketten liegen.

Finanzielle Belastung durch Coronakrise variiert zwischen unterschiedlichen Unternehmensgruppen

Wie die Untersuchung bis hierhin gezeigt hat, sind viele mittelständische Unternehmen von der Coronakrise betroffen und dabei insbesondere durch Umsatzeinbußen beeinträchtigt. Die erlittenen Umsatzeinbußen spiegeln sich auch in der Liquiditätssituation und in der Entwicklung der Eigenkapitalquote vieler Unternehmen wieder. Innerhalb des Mittelstands sind jedoch verschiedene Gruppen unterschiedlich stark betroffen: Negative Auswirkungen der Krise sind insbesondere bei kleineren Unternehmen häufig zu beobachten. Hinsichtlich der Wirtschaftszweige hebt sich vor allem das Baugewerbe mit geringeren Auswirkungen der Coronapandemie von den anderen Branchen ab. Darüber hinaus gilt, dass Unternehmen mit einer bereits vor Corona unterdurchschnittlichen Ratingbeurteilung häufiger Liquiditätsengpässe und Verschlechterungen der Eigenkapitalquote hinnehmen mussten. Ähnliches gilt auch für auslandsaktive Unternehmen. Dagegen sind Unternehmen, die sich bereits vor der Coronapandemie durch Innovationen und

Digitalisierungsvorhaben ausgezeichnet haben, zumindest was die Entwicklung der Eigenkapitalquoten angeht, besser als andere Unternehmen durch die Krise gekommen.

Auswirkungen der Coronapandemie auf den Kreditzugang

Bankkredite sind im Mittelstand nach-wie-vor die wichtigste externe Finanzierungsquelle (Gerstenberger 2021). Im folgenden wird daher untersucht, inwieweit bereits heute Auswirkungen der Coronakrise auf den Zugang zu Bankkrediten ermittelt werden können. Dazu soll überprüft werden, ob Schwierigkeiten beim Kreditzugang insbesondere bei jenen Unternehmen beobachtet werden können, auf die sich die Coronakrise negativ auswirkt und wie sich diese Erschwernisse beim Kreditzugang äußern.

Datenbasis dafür ist die Unternehmensbefragung, die die KfW gemeinsam mit Fach- und Regionalverbänden seit 2001 durchführt. Schwerpunkte der Befragung, an der aktuell 18 Wirtschaftsverbände teilgenommen haben, sind die Finanzierungssituation und die Finanzierungsgewohnheiten der Unternehmen. Insbesondere der Zugang zu Bankkrediten und die dabei vorherrschenden Bedingungen nehmen in dieser Befragung einen breiten Raum ein. Der Befragungszeitraum liegt für jede Welle zwischen Mitte Dezember und Ende März des Folgejahres, so dass die aktuelle Erhebung im Wesentlichen die Verhältnisse und Stimmungslagen im Jahr 2020 abbildet und durch Vergleiche zur Vorerhebung Veränderungen im Zuge der Coronakrise ermittelt werden können. Für die folgende Untersuchung wurde der Befragungsrücklauf wiederum auf mittelständische Unternehmen nach der KfW-Definition sowie auf Unternehmen eingeschränkt, die in den zurückliegenden 12 Monaten Kreditverhandlungen geführt haben.

Kreditzugang im Zuge der Coronapandemie restriktiver

Zentrales Ergebnis der Untersuchung ist, dass Unternehmen den Kreditzugang deutlich restriktiver beurteilen als vor Ausbruch der Coronapandemie. Wie Abbildung 4 zeigt, geben in der aktuellen Befragung 31 % der Unternehmen an, dass der Kreditzugang schwierig sei. In der Vorerhebung belief sich dieser Anteil auf lediglich 6 %. Auch der Anteil der Unternehmen, der den Kreditzugang als leicht beurteilt, halbierte sich nahezu.[3] Diesen Befund bestätigt auch die KfW-ifo-Kredithürde, die darüber hinaus feststellt, dass eine Eintrübung des Kreditklimas bereits im Zuge der Abkühlung der Konjunktur im Jahr 2019 einsetzte und sich mit Ausbruch der Coronapandemie deutlich verschärft hat. Außerdem geht aus der KfW-ifo-Kredithürde hervor, dass der Kreditzugang für mittelständische Unternehmen restriktiver als für Großunternehmen ist (Herold 2021). Insgesamt ist allerdings die Erschwerung des Kreditzugangs in der aktuellen Krise bisher weit weniger ausgeprägt als in der Finanzkrise 2008/09 (Schoenwald 2020).

3 Um die Befragungsergebnisse über die Erhebungswellen hinweg vergleichbar zu machen, wurden die Unternehmensantworten der Vorerhebung so gewichtet, dass die Verteilung der Wirtschaftsverbände in der Vorerhebung jener der aktuellen Erhebung entspricht. Vgl. Zimmermann (2019).

Abbildung 4

Beurteilung des aktuellen Kreditzugangs durch mittelständige Unternehmen in %

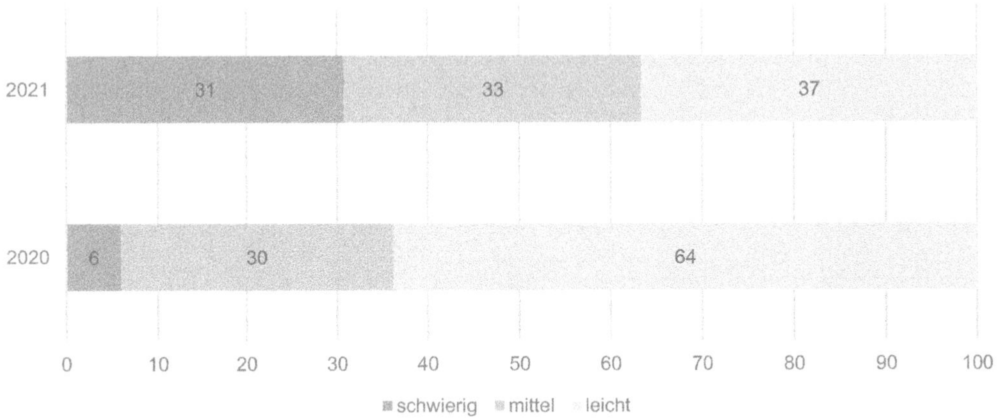

Quelle: Unternehmensbefragung, Erhebungen der Jahre 2021 und 2020.

Deutlicher Zusammenhang zwischen Krisenbetroffenheit und Schwierigkeiten beim Kreditzugang

Die tiefergehende Untersuchung zeigt, dass Schwierigkeiten beim Kreditzugang gerade häufig von jenen Unternehmen gemeldet werden, deren Liquidität und Eigenkapitalquote durch die Coronapandemie belastet wurde. Dies gilt insbesondere für kleine Unternehmen (unter 5 Beschäftigte), von denen 55 % Schwierigkeiten beim Kreditzugang melden, während dieser Wert für die mittelständischen Unternehmen mit 50 oder mehr Beschäftigte bei 22 % liegt (s. Abbildung 5). Gerade bei kleinen Unternehmen konnte im Zuge der Coronakrise häufig eine stark angespannte Liquiditätslage ermittelt werden und auch die Eigenkapitalquoten entwickelten sich schlechter als bei großen Unternehmen. Darüber hinaus sind größere Schwierigkeiten bei kleinen Unternehmen beim Kreditzugang generell häufiger zu beobachten. Ein Grund hierfür ist, dass ihre zumeist kleineren nachgefragen Finanzierungsvolumina überproportional hohe Transaktionskosten für den Geldgeber bedeuten (Zimmermann 2008). Außerdem stellen kleine Unternehmen aus Geldgebersicht generell höhere Risiken dar (Müller und Stegmaier 2015), etwa weil sie häufig über weniger Sicherheiten verfügen (Harhoff and Körting 1998), weniger Möglichkeiten zur Risikodiversifizierung aufweisen (Winker 1996) und aufgrund weniger strenger Veröffentlichungspflichten oftmals als weniger transparent angesehen werden (Levenson und Willard 2000).

Hinsichtlich der Wirtschaftszweige sind das Baugewerbe mit 6 % der Unternehmen am seltensten von Schwierigkeiten beim Kreditzugang betroffen. Dies steht im Einklang zu den Befunden hinsichtlich der Liquiditätslage und der Eigenkapitalentwicklung für das Baugewerbe. Dagegen weisen Dienstleistungsunternehmen mit einem Anteil von 39 % dagegen den höchsten Anteil an Unternehmen mit Schwierigkeiten beim Kreditzugang auf. Sie wurden gerade in Bezug auf die Eigenkapitalquote mit am stärksten durch die Coronapandemie getroffen, was darauf zurückzu-

Abbildung 5

Beurteilung des aktuellen Kreditzugangs durch mittelständige Unternehmen
in %

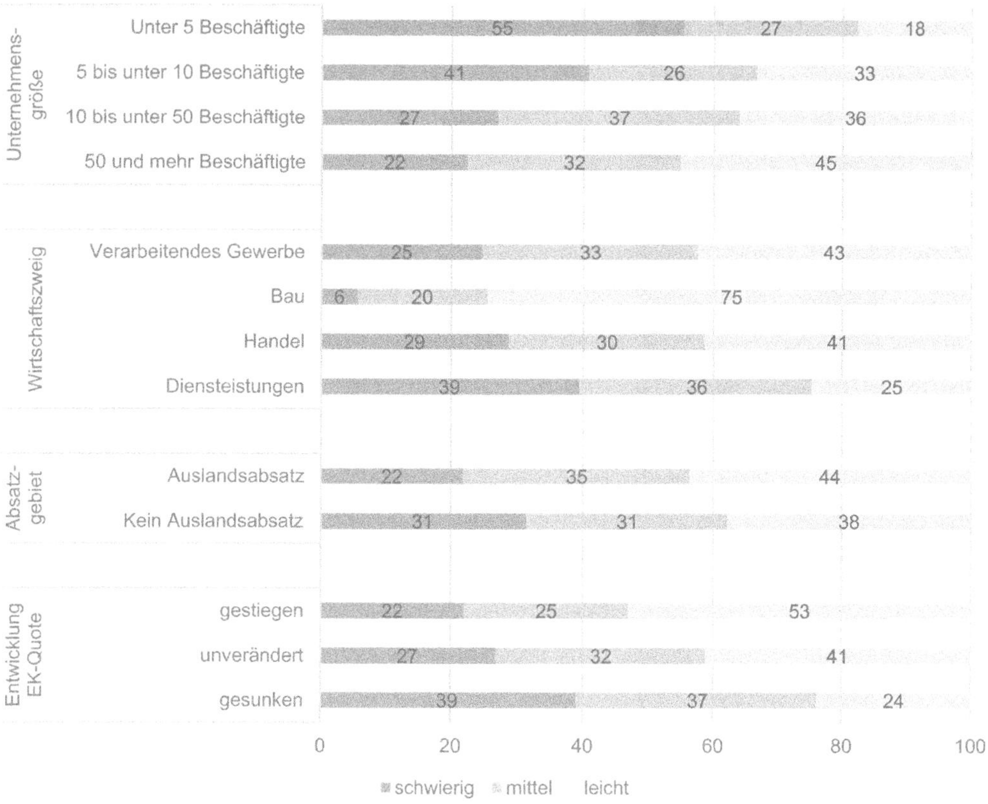

Quelle: Unternehmensbefragung 2021.

führen sein dürfe, dass gerade in diesen Unternehmen die Finanzierungssituation bereits vor Corona angespannter als in anderen Wirtschaftszeigen war (Gerstenberger 2020, Zimmermann 2019).

Auch das Auslandsgeschäft[4] gilt als mit höheren Risiken behaftet (Wagner 2014, Minetti und Zhu 2011). Neben wirtschaftlichen spielen auch politische Risiken dabei eine Rolle. Für den Geldgeber bedeutet dies einen erhöhten Prüfaufwand und dass lokale Expertise vorgehalten werden muss. Als Folge davon stehen Kreditfinanzierungen solcher Vorhaben vor höheren Hürden als andere Projekte. Dies gilt gerade auch für mittelständische Unternehmen (Abel-Koch 2020, Zimmermann 2016). Entgegen diesen Befunden zeigen sich in Abbildung 5 jedoch keine höheren Schwierigkeiten auslandsaktiver Unternehmen. Hierbei muss jedoch berücksichtigt werden, dass

4 Abweichend von der Vorgehensweise im KfW-Mittelstandspanel wird in der Unternehmensbefragung nicht nach „Auslandsabsatz" sondern nach „Exporttätigkeit" gefragt.

diese Auswertung stark durch einen Unternehmensgrößeneffekt überlagert wird, da vor allem große mittelständige Unternehmen auslandsaktiv sind. Kontrolliert man in der Auswertung für die Unternehmensgröße, so können ab einer Unternehmensgröße von 30 Beschäftigten – unter denen auslandsaktive Unternehmen auch öfter vorkommen – für auslandsaktive Unternehmen häufiger Probleme beim Kreditzugang ermittelt werden als für nicht-auslandsaktive Unternehmen. Der Anteil der Unternehmen mit Schwierigkeiten beim Kreditzugang beläuft sich unter den auslandsaktiven Unternehmen dieser Größe auf 23 %, während dieser Anteil unter den auf das Inland fokussierten Unternehmen 18 % beträgt. Noch deutlicher sind die Unterschiede zwischen diesen Gruppen hinsichtlich der Beurteilung des Kreditzugangs als „leicht". Hier betragen die Werte 42 % für auslandsaktive bzw. 52 % für auf Deutschland fokussiert Unternehmen. Somit kann mithilfe einer teifergehenden Analyse auch hinsichtlich der Auslandsaktivitäten bestätigt werden, dass von der Coronakrise stark betroffene Unternehmensgruppen häufiger Schwierigkeiten beim Kreditzugang aufweisen.

Abschließend zeigt sich auch ein klarer Zusammenhang zwischen der Entwicklung der Eigenkapitalquote und der Beurteilung des Kreditzugangs. Der Anteil der Unternehmen, der den Kreditzugang als schwierig bezeichnet, nimmt von 22 % bei den Unternehmen mit gestiegener Eigenkapitalquote auf 39 % unter den Unternehmen mit gesunkener Eigenkapitalquote zu, während im Gegenzug die Anteile der Unternehmen mit einem leichten Kreditzugang sinken. Dieser Befund ist nicht sehr überraschend, da die Kreditwürdigkeitsprüfung sich nunmehr seit Jahren auf Ratingsysteme stützt, in denen die Eigenkapitalquote ein wichtiger Faktor für die Beurteilung darstellt (Zimmermann 2014). Hinsichtlich der hier durchgeführten Untersuchung ist der explizite Hinweis auf diesen Zusammenhang dennoch hilfreich, da er verdeutlicht, dass – über ihre Wirkung auf die Eigenkapitalquoten – auch nach der Überwindung der akuten Krisensituation, Belastungen des Kreditzugangs der Unternehmen verbleiben und die Coronakrise damit die weitere Entwicklung der Unternehmen belastet.

Höheres Informationsbedürfnis der Kreditinstitute ist häufigste Folge der Coronakrise

Im Folgenden wird untersucht, an welchen Aspekten die Unternehmen Veränderungen beim Kreditzugang festmachen. In der Unternehmensbefragung werden dazu folgende Aspekte abgefragt: Anforderungen an die Dokumentation der Vorhaben sowie die Offenlegung von Geschäftsstrategien, die Bearbeitungsdauer, Anforderungen an die Kreditsicherheiten sowie die Höhe der Zinsen. Anhand dieser Kriterien lässt sich eine Aussage darüber treffen, in welchen Bereichen Erleichterungen und Erschwernisse bei der Kreditaufnahme begründet liegen und auch als wie schwerwiegend die Probleme zu beurteilen sind.

Mit 48 bzw. 46 % geben die Unternehmen am häufigsten an, dass die Anforderungen an die Dokumentation der Vorhaben und an die Offenlegung der Geschäftsstrategien zugenommen haben (s. Grafik 6). Dem stehen nur niedrige Anteile an Unternehmen gegenüber, die über Lockerungen bei diesen Aspekten berichten. Steigende Anforderungen hier spiegeln wider, dass die Kreditinsitute verstärkt bemüht sind, Risiken exakt einzuschätzen. Auch die von 35 % der Untenehmen genannte steigende Bearbeitungsdauer dürfte damit im Zusammenhang stehen. Steigende Anforderungen an die Dokumentation und Offenlegung sowie steigende Bearbeitungsdauern konnten auch im Zuge der Finanz- und Wirtschaftskrise 2008/09 ermittelt werden (Zimmermann 2010). Sie spiegeln eine erhöhte Risikosensitivität der Kreditinstitute wider.

Abbildung 6

Entwicklung einzelner Aspekte des Kreditzugangs im Zuge der Coronakrise in %

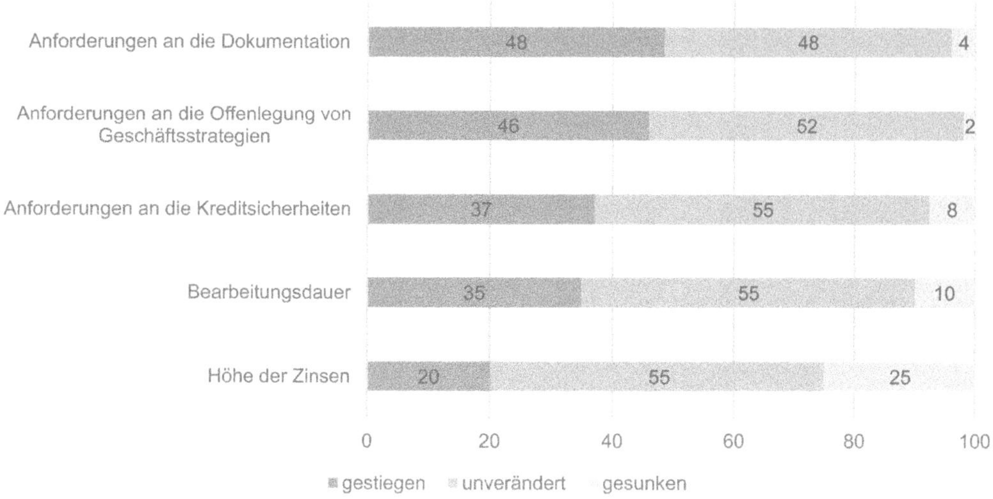

Quelle: Unternehmensbefragung 2021.

Die Stellung von Sicherheiten durch die Kreditnehmer sind ein zentraler Aspekt der Risikobegrenzung durch Kreditinstitute. Im Schadensfall tragen sie dazu bei, die Verluste des Kreditinstituts zu senken. Für Unternehmen stellen unzureichende Kreditsicherheiten eine bindende Restriktion dar, da es für ein Unternehmen kurzfristig nicht möglich ist, zusätzliche Kreditsicherheiten zur generieren. Unzureichende Sicherheiten zählen daher zu den wichtigsten Gründen für Kreditablehnungen und sind aus Unternehmenssicht ein zentraler Aspekt für die Beurteilung des Kreditzugangs (Zimmermann 2014, Zimmermann 2008, Zimmermann 2007). 37 % der Unternehmen geben an, dass die Anforderungen an die Kreditsicherheiten gegenüber der zurückliegenden Befragung zugenommen haben. Dem stehen nur 8 % der Unternehmen gegenüber, die Lockerungen bei diesem zentralen Aspekt der Kreditaufnahme erfahren haben. Ein Anziehen der Kreditrichtlinien in Deutschland im Zuge der Coronapandemie bestätigt auch der Bank Lending Survey (Bundesbank 2021).

Steigende Zinsen nennt ein ebenfalls beachtlicher Anteil von 20 % der Unternehmen. Jedoch nehmen auch 25 % der Unternehmen in den zurückliegenden 12 Monaten gesunkene Zinsen wahr. Die Coronakrise schlägt sich somit – zumindest zum Befragungszeitpunkt – nicht in einer großflächigen Zinssteigerung für den gesamten Mittelstand nieder.

Zinssteigerungen und höhere Anforderungen an die Kreditsicherheiten betreffen Unternehmen, deren finanzielle Lage sich unter Corona verschlechtert hat

Abschließend zeigt Grafik 7, wie sich die Anforderungen an die Sicherheiten und die Zinshöhe – als zentrale Aspekte der Kreditkonditionen – in den einzelnen Unternehmensgruppen entwickelt haben. Die Wahrnehmung restriktiverer bzw. gelockerter Kreditkonditionen stimmt insgesamt sehr gut mit der finanziellen Betroffenheit durch die Coronakrise überein. Dies gilt etwa hinsichtlich der Unternehmensgröße, der Branche oder auch hinsichtlich der Auslandsaktivitäten. So melden beispielsweise kleine Unternehmen mit 46 % deutlich häufiger als große Unternehmen mit 36 % höhere Anforderungen an die Kreditsicherheiten. Die zuletzt genannten können im Saldo auch häufiger Zinssenkungen in Anspruch nehmen als kleine Unternehmen. Allerdings verlaufen die Entwicklungen über die Unternehmensgrößenklassen nicht immer monoton. Auch die auslandsaktiven Unternehmen sind häufiger von höheren Anforderungen an die Kreditsicherheiten und von Zinssteigerungen betroffen als ihre auf das Inland fokussierte Pendants.

Insbesondere zeigt sich ein enger Zusammenhang zur Entwicklung der Eigenkapitalquote. So sehen sich Unternehmen mit gesunkener Eigenkapitalquote im Saldo (Anteil der Unternehmen mit gestiegenen Zinsen abzüglich des Anteils der Unternehmen mit gesunkenen Zinsen) mit 5 Saldenpunkten mehrheitlich Zinssteigerungen gegenüber. Dagegen überwiegen bei den Unternehmen mit gestiegener Eigenkapitalquote im Saldo die Zinssenkungen deutlich (Saldo: –14 Saldenpunkte). Auch bezüglich der Anforderungen an die Kreditsicherheiten stellen vor allem Unternehmen mit gesunkenen Eigenkapitalquoten mit 45 % eine restriktivere Handhabe der Kreditinstitute fest (ggü. 34 % bei den Unternehmen mit gestiegenen Eigenkapitalquoten).

Coronakrise führt zu restriktiveren Kreditkonditionen

Die Belastung der Liquidität und der Eigenkapitalquoten durch die Coronakrise hinterlässt Spuren beim Kreditzugang der Unternehmen. Unternehmen beurteilen den Kreditzugang deutlich restriktiver als vor der Krise und machen das insbesondere am einem gestiegenen Aufwand bei der Bereitstellung von Informationen und gestiegenen Anforderungen an die Kreditsicherheiten fest. Ein insgesamt gestiegenes Zinsniveau kann dagegen bislang nicht ermittelt werden. Erschwernisse beim Kreditzugang betreffen vor allem jene Unternehmensgruppen, die stark von der Krise betroffen sind und Verschlechterungen der Eigenkapitalquote hinnehmen mussten.

Fazit

Von der Coronakrise gehen negative Wirkungen auf den Zugang mittelständischer Unternehmen zu Krediten aus. Eine Verschlechterung des Kreditzugangs ist mit Sorge zu betrachten, da Bankkredite im Mittelstand die wichtigste externe Finanzierungsquelle sind. Die Verschlechterung der Eigenkapitalquoten lässt befürchten, dass die Erschwernisse beim Kreditzugang auch nach Überwindung der akuten Krisenphase anhalten, da die Erholung der Eigenkapitalquoten in den betroffenen Unternehmen eine gewisse Zeit in Anspruch nehmen wird.

Einschränkend gilt jedoch auch, dass mit insgesamt knapp einem Viertel der Unternehmen, das bislang eine verschlechterte Eigenkapitalquote meldet, die Wirkung der Coronakrise auf die Un-

Abbildung 7

Entwicklung der Anforderungen an die Kreditsicherheiten sowie der Höhe der Zinsen in einzelnen Unternehmensgruppen
in %

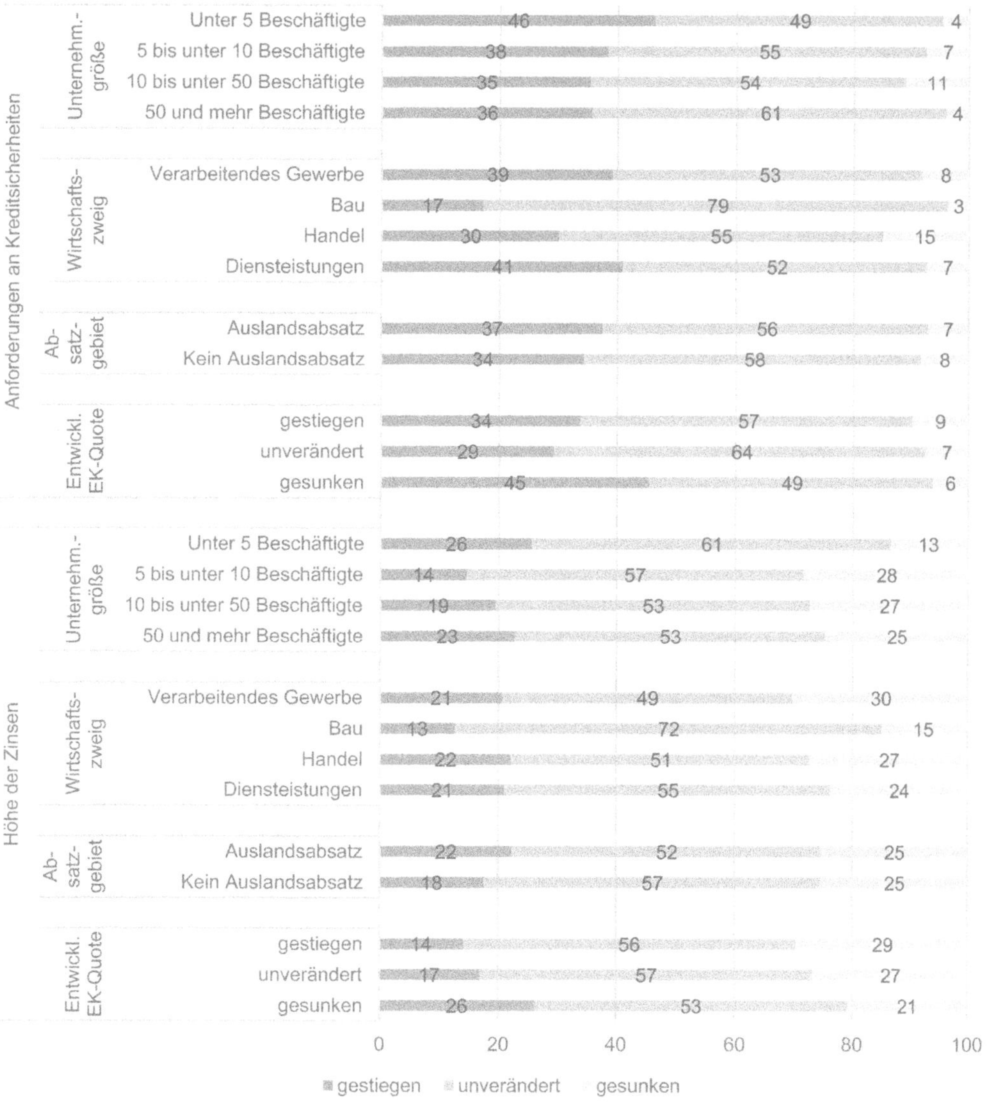

Quelle: Unternehmensbefragung 2021.

ternehmen insgesamt als eher moderat zu beurteilen ist. Auch waren die Finanzierungssituation und die Eigenkapitalquoten der mittelständischen Unternehmen vor Corona ausgesprochen günstig (Gerstenberger 2020, Gerstenberger und Schwartz 2020). Die durchschnittliche Eigenkapitalquote im Mittelstand erreichte unmittelbar vor Pandemieausbruch mit 31,8 % sogar einen neuen Rekordwert. Eine Überschuldung weiter Teile des Mittelstands ist daher nicht zu erwarten.

Zunehmende Erschwernissse beim Kreditzugang konnten in der vorliegenden Untersuchung gerade bei jenen Unternehmen ermittelt werden, die mit Liquiditätsengpässen und höherer Verschuldung von der Coronapandemie betroffen sind. Da die Untersuchungsergebnisse auch auf eine erhöhte Risikosensitivität der Kreditinstituten hindeuten, ist darüber hinaus zu befürchten, dass Erschwernisse auch für Unternehmen mit Innovations- und Digitalisierungsprojekten zugenommen haben, bei denen die Risiken für externe Geldgeber besonders schwierig abzuschätzen sind (Zimmermann 2020b, Zimmermann 2020c). Auch wenn die Eigenkapitalquoten dieser Unternehmen während Corona weniger stark gelitten haben.

Neben den finanzierungsseitigen Restriktionen droht eine weitere Entwicklung eine schnelles Zurückkehren zu Investitionen in die notwendige Transformation hin zu einem nachhaltigen Wirtschaften und zur Steigerung der Wettbewerbsfähigkeit zu erschweren: Die Krisenerfahrung dürfte in vielen Unternehmen den Wunsch nach einer Verbesserung ihrer Krisenfestigkeit verstärkt haben. Dieser Wunsch dürfte den Zielkonflikt zwischen Investitionen in die Verbesserung der Krisenresilienz auf der einen Seite und Investitionen in Klima- und Umweltschutz sowie die Wettbewerbsfähigkeit auf der anderen Seite verschärft haben. Daher droht, dass die zuletzt genannten Investitionen häufiger zugunsten von Investitionen in die Krisenresilienz hinten angestellt werden. Der notwendige Ausbau der technologischen Wettbewerbsfähigkeit Deutschlands und die Transformation zu einem nachhaltigen Wirtschaften dürfte sich dadurch verlangsamen. Um sicher zu stellen, dass die Transformation trotz der derzeitigen Krise vorankommt, müssen von der Wirtschaftspolitik nun die Weichen richtig gestellt werden. Ein wichtiger Baustein sind verlässliche Rahmensetzungen, wie beispielsweise ein verlässliches und planbar steigendes CO2 Preissignal. Dazu kommen finanzielle Anreize z. B. durch Kredite gepaart mit Zuschüssen, so dass Unternehmen in neue Technologien investieren. Bei Technologien mit großer Entwicklungsunsicherheit kann auch über eine teilweise Risikoübernahme durch die öffentliche Hand nachgedacht werden. Dazu kommt auch die Weiterentwicklung und größere Verfügbarkeit von Beteiligungsfinanzierungen für junge und innovative Unternehmen.

Literaturverzeichnis

- Abel-Koch, Jennifer (2020): KfW-Internationalisierungsbericht 2020 Außenhandel im Mittelstand – wirtschaftliche Auswirkungen der Corona-Krise stellen Sorge um Handelskonflikte in den Schatten, Frankfurt.
- Abel-Koch, Jennifer und Katrin Ullrich (2020): Kurzfristiger Schock mit langfristiger Wirkung: Corona-Krise und internationale Wertschöpfungsketten, Fokus Volkswirtschaft Nr. 308, Frankfurt.
- Bertschek, Irene, Michael Polder und Patrick Schulte (2019): ICT and resilience in times of crisis: evidence from cross-country micro moments data, Economics of innovation and new technology 28 (1): 1–16.
- Dachs, Bernhard und Bettina Peters (2020): Covid-19-Krise und die erwarteten Auswirkungen auf F&E in Unternehmen, ZEW policy brief Nr. 2 April 2020.
- Deutsche Bundesbank (2021): Bank lending Survey des Eurosystems. Ergebnisse für Deutschland, Netto Anteile April 2021.

- Gerstenberger, Juliane (2021): Unternehmensbefragung 2021 Corona-Krise beslastet Unternehmen – Finanzierungsklima trübt sich ein, Frankfurt.
- Gerstenberger, Juliane (2020): Unternehmensbefragung 2020 Finanzierungsklima: Unternehmen gut gerüstet vor der Krise, Frankfurt.
- Gerstenberger, Juliane und Michael Schwartz (2020): KfW-Mittelstandspanel 2020, Corona-Pandemie trübt Erwartungen für 2020 – Mittelstand vor der Krise auf solidem Fundament, Frankfurt.
- Harhoff, Dietmar und Timm Körting (1998): Lending relationsship in Germany – Empirical evidence from survey data, Journal of Banking and Finance 22: 1317–1353.
- Herold, Jens G. (2021): KfW-ifo-Kredithürde April 2021 Großunternehmen kommen wieder leichter an Kredite – Banken beim Mittelstand weiter restriktiv, Frankfurt.
- Levenson Alec und Kristen L. Willard (2000): Do firms get the financing they want? Measuring credit rationing experienced by small businesses in the U.S. Small Business Economics 14: 83–94.
- Minetti, Raoul und Susan Chun Zhu (2011): Credit constraints and firm export: Microeconomic evidence from Italy, Journal of Intenational Economics 83 (2): 109–125.
- Müller, Steffen und Jens Stegmaier (2015): Economic failure and the role of plant age and size, Small Business Economics 44 (3): 621–638.
- Peters, Bettina, Mark S. Robert und Van Anh Vuong (2017): Dynamic R&D Choice and the Impact of the Firm's Financial Stregth, Economics of Innovation and New Technology 26 (1–2): 134–149.
- Schoenwald, Stephanie (2020): KfW-ifo-Kredithürde Juli 2020 KfW-ifo-Kredithürde steigt – Corona macht Banken vorsichtiger, Frankfurt.
- Wagner, Joachim (2014): Credit constraints and exports: a survey of empirical studies using firm-level data, Industrial and Corporate Change 23 (6): 1477–1492.
- Winker, Peter (1996): Rationierung auf dem Markt für Unternehmenskredite in der BRD, Tübingen.
- Zimmermann, Volker (2021a): KfW-Digitalisierungsbericht Mittelstand 2020 Rückgang der Digitalisierungsaktivitäten vor Corona, ambivalente Entwicklung während der Krise, Frankfurt.
- Zimmermann, Volker (2021b): Corona-Krise bremst Innovationen im Mittelstand, Frankfurt.
- Zimmermann, Volker (2020a): Mittelstand reagiert ideenreich auf Corona-Krise, Fokus Volkswirtschaft Nr. 291, Frankfurt.
- Zimmermann, Volker (2020b): Innovation and Investment Finance in Comparison. In: Moritz, A. et al. (Hrsg.), Contemporary Developments in Entrepreneurial Finance, FGF Studies in Small Business and Entrepreneurship, S. 59–80, Cham.
- Zimmermann, Volker (2020c): Die Finanzierung von Digitalisierung und Investitionen in mittelständischen Unternehmen im Vergleich, Fokus Volkswirtschaft Nr. 280, Frankfurt.
- Zimmermann, Volker (2019): Unternehmensbefragung 2019: Finanzierungsklima trotzt der konjunkturellen Entwicklung, Frankfurt.
- Zimmermann, Volker (2016): Der Zugang zu Krediten unterscheidet sich je nach Vorhaben erheblich, Fokus Volkswirtschaft Nr. 148, Frankfurt.
- Zimmermann, Volker (2014): Unternehmensbefragung 2014: Finanzstark, energiebewusst, standortsensibel, Frankfurt.
- Zimmermann, Volker (2010): Unternehmensbefragung 2010: Unternehmensfinanzierung: Anhaltende Schwierigkeiten und Risiken für die wirtschaftliche Erholung, Frankfurt.

— Zimmermann, Volker (2008): Der Zugang zu Krediten. Entwicklung im Zeitablauf, Beurteilung und Bedeutung von Teilaspekten aus Unternehmenssicht. Mittelstands- und Strukturpolitik 41: 1–25.
— Zimmermann, Volker (2007): Kreditsicherheiten – Wahrnehmung der Anforderungen und eingesetzte Instrumente, WirtschaftsObserver Nr. 29, Frankfurt.

Unternehmenskreditgeschäft der Sparkassen – ein stabilisierendes Element in der Coronakrise: Branchen- und regionalspezifische Implikationen

KARL-PETER SCHACKMANN-FALLIS UND ANDRÉ SONNTAG

Karl-Peter Schackmann-Fallis, Deutscher Sparkassen- und Giroverband, Berlin, E-Mail: Karl-Peter.Schackmann-Fallis@dsgv.de
André Sonntag, Deutscher Sparkassen- und Giroverband, Berlin, E-Mail: Andre.Sonntag@dsgv.de

Zusammenfassung: Die Coronapandemie hatte einschneidende Auswirkungen auf die Realwirtschaft. Dennoch ist die Kreditnachfrage von Unternehmen und Selbstständigen bisher nicht zurückgegangen, sondern gestiegen. Vor allem Sparkassen erwiesen sich durch ihre überdurchschnittliche Kreditvergabe als stabilisierendes Element in der Krise. Deren Kreditwachstum war ab September 2020 sowohl in Geschäftsgebieten mit einer hohen und mittleren, als auch mit einer niedrigen Wirtschaftskraft im Mittel höher als das Marktwachstum. Auch in nahezu allen Branchen stiegen die Kreditvolumina, der stärkste Anstieg ging vom Wohnungs- und Grundstückswesen aus.

Nach der Coronapandemie ist es nun entscheidend, die Unternehmen durch wachstumsorientierte Förderprogramme in den notwendigen technologischen Anpassungsprozessen (z. B. bei der Digitalisierung und Nachhaltigkeit) zu unterstützen. Gleichzeitig ist es für die weitere erfolgreiche Zusammenarbeit von Sparkassen und Unternehmen auch in Zukunft unerlässlich, ein vielfältiges, ausdifferenziertes Bankensystem in Deutschland zu erhalten.

Summary: The corona pandemic has had a major impact on the real economy. Nevertheless, the loan demand from companies and the self-employed has so far not declined but increased. Savings banks in particular have proven to be a stabilizing element in crisis due to their above-average lending. As of September 2020, their loan growth in business areas with high, medium as well as low economic strength was on average higher than the market growth. Lending volumes also rose in almost all sectors, with the largest increase coming from housing and real estate.

→ JEL classification: E51, G21, G28, O16
→ Keywords: bank lending, competition, corporate financing, decentralized financial institutions, financial industry, financial market regulation, loan demand by corporations, regional development, small- and medium-sized enterprises

After the corona pandemic, it is crucial to support companies in the necessary technological adaptation processes (e.g. in digitalization and sustainability) through growth-oriented funding programs. To ensure a continued successful cooperation between savings banks and companies it is important to maintain a diverse, differentiated banking system in Germany.

Entwicklung des Unternehmenskredites in Deutschland

2020: Ein ganz besonderes Jahr

Das „Coronajahr" 2020 stellt in vielerlei Hinsicht ein Ausnahmejahr dar: Um die SARS-CoV-2-Pandemie einzudämmen, wurden in Deutschland und weltweit umfassende Maßnahmen getroffen, die gesellschaftliche und wirtschaftliche Lockdowns zur Folge hatten. Sowohl der Alltag der Menschen als auch die Funktion des Wirtschaftssystems wurden ab März 2020 maßgeblich eingeschränkt. Durch den ersten Lockdown wurden die Industrieproduktion und der Außenhandel beeinträchtigt. Starke Umsatzrückgänge verzeichneten der stationäre Einzelhandel sowie das Tourismus- und Gastronomiegewerbe im Gesamtjahr. Der Einbruch der Wirtschaftsleistung im 2. Quartal 2020 war mit –9,8 % gegenüber dem Vorquartal deutlich stärker, als während der Finanz- und Wirtschaftskrise (–4,7 % für das 1. Quartal 2009).

Im Laufe des Sommers 2020 wurden die Maßnahmen wieder gelockert bis im Herbst 2020 das Infektionsgeschehen so stark wurde, dass im November und Dezember 2020 erneut strengere Maßnahmen zur Eindämmung der zweiten Welle getroffen werden mussten. Auch im Gesamtjahr 2021 wird die Coronakrise noch wirtschaftliche Einbußen verursachen: Zwar ist die Industrie diesmal sehr wenig von den Einschränkungen betroffen. Im Dienstleistungssektor wird es naturgemäß aber nicht möglich sein, die Umsatzeinbußen aufgrund der Betriebsschließungen vollständig nachzuholen.

Die realwirtschaftlichen Folgen der Krise wurden auch im Bankenmarkt spürbar: Einerseits halfen Banken und Sparkassen durch ihre Kreditvergabe, sodass Unternehmen und wirtschaftlich Selbstständige ihre Liquiditätsengpässe überwinden konnten. Andererseits zeigen sich die eingeschränkten Konsummöglichkeiten der Verbraucherinnen und Verbraucher anhand einer gestiegenen Sparquote und eines massiven Zuwachses auf der Einlagenseite der Banken, insbesondere bei den Sichteinlagen. Im Mittelpunkt unserer Betrachtung steht die Entwicklung der Kredite an Unternehmen und Selbstständige.[1]

Ein kurzer Blick zurück – Vergleich der Entwicklungen von Coronapandemie und Finanzmarktkrise

Um das Wachstum der Kredite an Unternehmen und Selbstständige[2] während der Coronapandemie besser einschätzen zu können, lohnt sich ein Vergleich mit der Entwicklung während der Finanzmarktkrise. Auch wenn sich Ursprung und Verlauf der Finanzmarktkrise grundsätzlich von der Coronakrise unterscheiden, führten beide zu sehr starken realwirtschaftlichen Einbrüchen.

---

1 Sofern in diesem Artikel der Begriff des Unternehmenskredites verwendet wird, umfasst dieser die Kredite an Unternehmen und wirtschaftlich Selbstständige.

2 Einschließlich Kredite an den gewerblichen Wohnungsbau.

Während in den folgenden 15 Monaten nach Ausbruch der Finanzmarktkrise (ab September 2008, siehe Abbildung 1) das Kreditvolumen in Summe noch relativ konstant blieb (+0,6 % bzw. +7,5 Mrd. Euro), stieg es während der Coronapandemie bis März 2021 um +6,2 % bzw. 92,5 Mrd. Euro an. Vor allem im letzten Drittel des Betrachtungszeitraums (Monate 10–15) gehen beide Entwicklungen auseinander: In 2009 zogen die Kreditbanken rund 20 Mrd. Euro ihrer Kreditvolumina aus dem Markt ab, allen voran die Zweigstellen ausländischer Banken, die ihren Bestand um über 20 % reduzierten. Sparkassen und Kreditgenossenschaften wuchsen zu dieser Zeit kräftig, sodass das Gesamtmarktvolumen nur geringfügig schrumpfte.

Seit der Finanzmarktkrise haben die Unternehmen ihre Eigenkapitalquoten kontinuierlich ausgebaut und damit ihre Krisenresilienz deutlich gestärkt. Dadurch konnten viele Unternehmen die massiven Verluste der letzten Monate verkraften. Auch die wirtschaftspolitischen Stützungsmaßnahmen des Staates haben dazu beigetragen, dass viele Gewerbetreibende einen beispiellosen, wirtschaftlichen Stillstand während der Lockdowns überleben konnten. Die Kreditinstitute haben durch die schnelle Bereitstellung von Liquidität den betroffenen Unternehmen und Selbstständigen ermöglicht nicht nur die massiven Umsatzeinbrüche aufzufangen, sondern auch die Voraussetzung für das Hochfahren der Geschäfte geschaffen.

Abbildung 1

Kredite an Unternehmen u. Selbstständige: Wachstum in den Monaten nach Sept. 2008 und nach Jan. 2020 (100 = Vormonat)

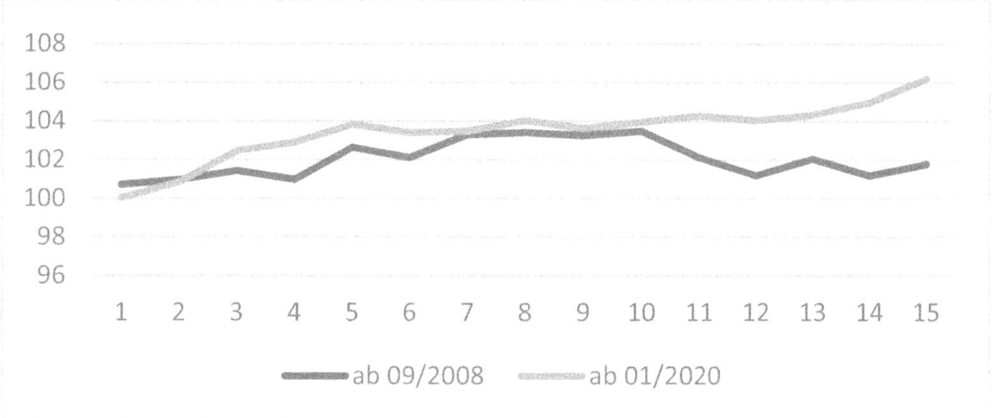

Quelle: Bankenstatistik der Deutschen Bundesbank, eigene Berechnungen.

Entwicklung des Unternehmenskredites während der Coronapandemie

Im Vergleich zu den Vorjahren verlief der Anstieg der Kredite an Unternehmen und Selbstständige im Gesamtmarkt in den ersten beiden Monaten des Jahres 2020 eher unterdurchschnittlich (siehe Abb. 2). Mit dem ersten Lockdown im März 2020 erhöhte sich das Wachstum sehr stark, sodass es im Zeitraum von Januar bis Mai 2020 mit +3,8 % weit über dem Niveau der Vorjahre blieb. Im Gegensatz zu den drei Vorjahren mit ihren relativ konstanten Anstiegen über den gesamten

Jahresverlauf folgte ab Juni 2020 eine Abflachung des weiteren Wachstums mit zwischenzeitlichen Anstiegen im August und November. Die Zunahme der Kredite im Gesamtjahr 2020 ist zwar mit +4,0 % im Vergleich zu den Vorjahren 2018 (+5,7 %) und 2019 (+5,2 %) am geringsten, trotzdem befindet es sich deutlich über der langfristigen Wachstumsrate der letzten 10 Jahre mit durchschnittlich +2,1 % pro Jahr. Bis März 2021 können wir wieder ein stetiges Kreditwachstum sehen, ähnlich wie Anfang 2020.

Abbildung 2

Kredite an Unternehmen und Selbstständige – Entwicklung im Jahresverlauf – Gesamtmarkt (Ende Vorjahr = 100)

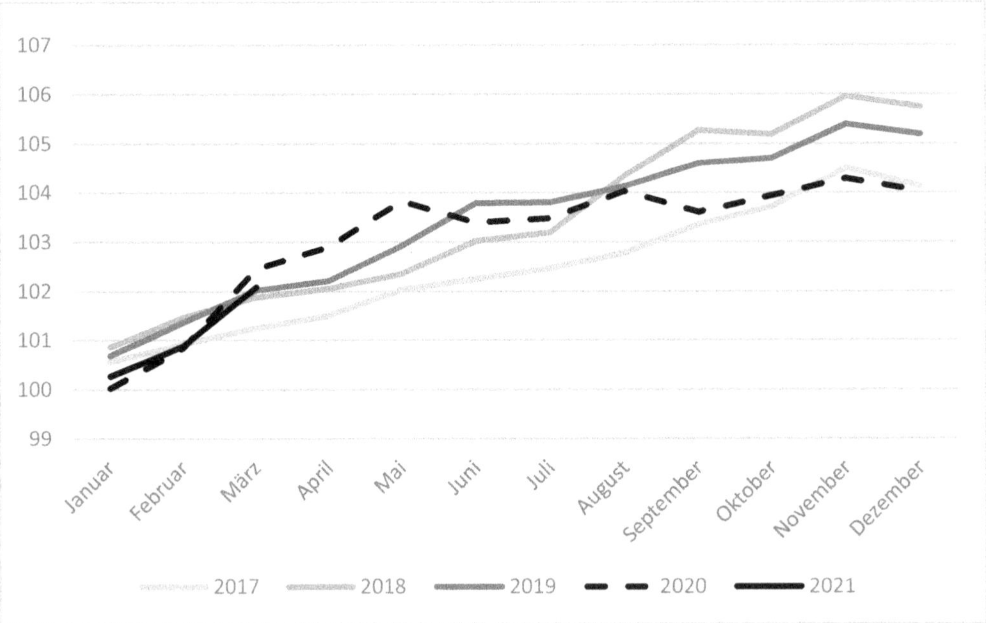

Quelle: Bankenstatistik der Deutschen Bundesbank, eigene Berechnungen.

Entwicklung einzelner Bankengruppen

Im ersten Quartal 2020 wurde die Kreditnachfrage von Unternehmen und Selbstständigen noch von allen Bankengruppen bedient. Im Laufe des Jahres fuhren die Kreditbanken[3] und Landesbanken ihre Volumina unterschiedlich stark zurück (siehe Abb. 3), eine Ursache sind die kurzfristigen Laufzeiten der Kredite. Der Kreditzuwachs im Markt wurde durch die stagnierenden Bestände der Kreditbanken und die rückläufigen Bestände der Landesbanken ausgebremst. Im ersten Quartal 2021 sehen wir hingegen wieder eine Expansion der Kreditbanken und Landes-

3 Unter Kreditbanken fasst die Deutsche Bundesbank die Großbanken, Regional- und sonstige Kreditbanken sowie Zweigstellen ausländischer Banken zusammen.

banken. Die Kredite der Zweigstellen ausländischer Banken sind seit dem 3. Quartal 2020 deutlich rückläufig.

Speziell Sparkassen und Genossenschaftsbanken können in den dargestellten fünf „Coronaquartalen“ auf sehr konstante Zuwächse im Unternehmenskreditgeschäft zurückblicken. Sparkassen verzeichneten ab Juni 2020 deutlich stärkere monatliche Zuwächse als der Gesamtmarkt. Vor allem ab September 2020 beschleunigte sich das Wachstum bei Sparkassen noch einmal deutlich, sodass sie einen Anstieg bis Jahresende 2020 um +5,8 % verbuchen konnten, der Gesamtmarkt erreichte +4,0 %.

Im absoluten Vergleich betrug der Zuwachs der Kreditbanken von Januar 2020 bis März 2021 +9,4 Mrd. Euro, Landesbanken weiteten ihre Kreditvolumina um +5,6 Mrd. Euro aus, die Banken mit Sonderaufgaben[4] um 13,5 Mrd. Euro. Vor allem aber trugen Sparkassen (+31,0 Mrd. Euro) und Kreditgenossenschaften (+26,7 Mrd. Euro) mit einer konstant hohen Kreditversorgung den größten Anteil an der Kreditnachfrage von insgesamt 92,5 Mrd. Euro im Betrachtungszeitraum.

Die stabilisierende Wirkung regionaler, öffentlich-rechtlicher Institute durch ihre nachhaltigere Kreditvergabe, die weniger abhängig vom Konjunkturzyklus und weniger risikobehaftet im Vergleich zu Privatbanken ist, wurde schon in verschiedenen empirischen Studien[5] für Deutschland nachgewiesen.

Abbildung 3

Kreditwachstum nach Quartalen in Mrd. Euro

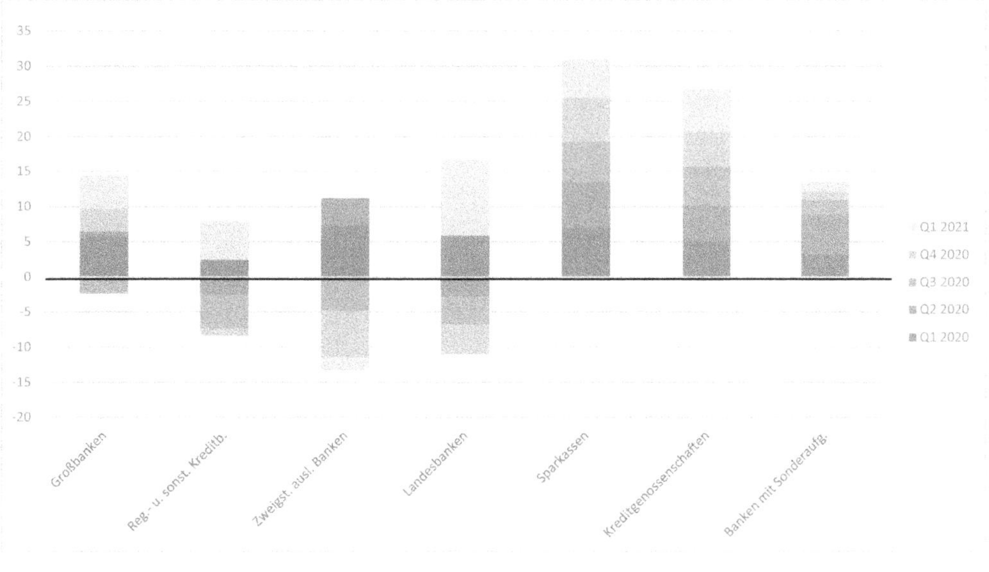

Quelle: Bankenstatistik der Deutschen Bundesbank, eigene Berechnungen.

4 In dieser Bankengruppe sind u. a. die KfW und die Landesförderinstitute vertreten.

5 Siehe Behr et al. (2013) oder Behr et al. (2017).

Die Entwicklung der Kredite an Unternehmen und Selbstständige bei Sparkassen

Die Entwicklung von Sparkassen im Unternehmenskreditgeschäft verlief in den vergangenen Jahren sehr dynamisch: Seit 2014 konnten Sparkassen ihr Wachstum bei Krediten an Unternehmen und Selbstständige in jedem Jahr steigern. In 2020 und 2019 ist das Kreditvolumen mit jeweils +5,8 % angestiegen und bildet damit den Höhepunkt im mittelfristigen Vergleich. Mit ihren hohen Zugewinnen wuchsen Sparkassen seit 2012 deutlich stärker als der Markt und konnten dadurch ihre Wettbewerbsposition ausbauen.

Dabei profitieren die Sparkassen von langfristig gewachsenen Geschäftsbeziehungen zu ihren Kunden: Über 80 % der Darlehenslaufzeiten sind langfristig angelegt. Dieser Anteil hat sich im abgelaufenen Geschäftsjahr sogar noch leicht erhöht.

Das Wachstum der Kreditvolumina von Sparkassen bei Krediten an Unternehmen und Selbstständige von Jahresanfang 2020 bis Ende März 2021 betrug +7,2 %. Dabei stiegen die Kredite an Unternehmen mit +8,7 % etwas stärker an, als die an Selbstständige mit +4,9 %. Eine Ursache könnte darin liegen, dass die Selbstständigen einerseits einen Teil ihres Liquiditätsbedarfes in der Coronakrise über Hilfspakete und Fördermaßnahmen gedeckt haben. Andererseits greifen Selbstständige bei Liquiditätsengpässen auf ihr Eigenkapital und verstärkt auch auf ihr Privatvermögen zurück. Der Anteil der Unternehmen an dieser Kreditposition beträgt ungefähr 60 %, der der Selbstständigen rund 40 %.

Regionale Betrachtung

Wie auch beim Wirtschaftswachstum gibt es bei der Nachfrage nach Unternehmenskrediten regional sehr große Unterschiede. Alle Bundesländer mussten im Coronajahr 2020 Rückgänge des Bruttoinlandprodukts in unterschiedlicher Stärke hinnehmen. Die größten Einbußen[6] verzeichneten Bremen (−7,0 %) und das Saarland (−6,7 %), die geringsten die Länder Brandenburg und Mecklenburg-Vorpommern (jeweils −3,2 %). Im Durchschnitt ging das Bruttoinlandprodukt bundesweit um 4,9 % zurück.

Auch die Veränderung der Kreditvolumina fällt zwischen den Bundesländern und den Quartalen teilweise etwas auseinander (siehe Abb. 4): Das Kreditwachstum bei Sparkassen war 2020 in Sachsen (+11,4 %) und Brandenburg (+10,4 %) am höchsten, am niedrigsten im Saarland (+2,7 %) oder Sachsen-Anhalt (+3,0 %).

6 Quelle: Arbeitskreis „Volkswirtschaftliche Gesamtrechnungen der Länder", Bruttoinlandprodukt, preisbereinigt.

Abbildung 4

Kreditwachstum Sparkassen nach Bundesländern und Quartalen in %

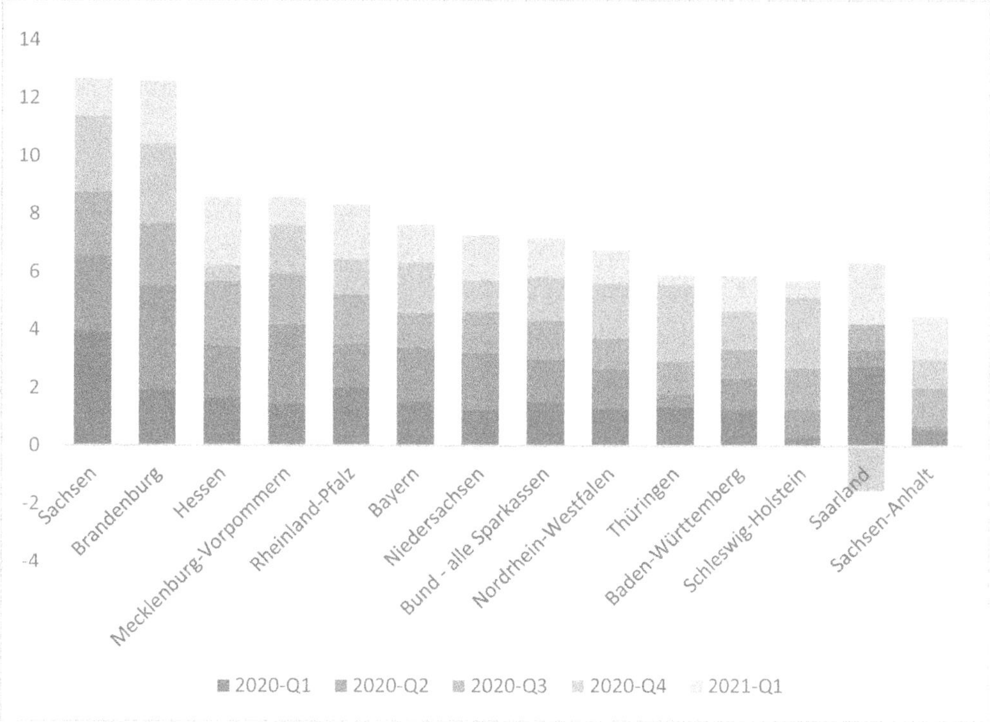

Quelle: DSGV, Statistik der Sparkassen, eigene Berechnungen.

Weiterhin gibt es regional durchaus unterschiedliche Trends im Jahresverlauf 2020. Auf Bundesebene ist das Wachstum der gewerblichen Kreditvolumina der Sparkassen über die vier Quartale in etwa gleich verteilt. Entsprechendes gilt für die Sparkassen in Baden-Württemberg und Nordrhein-Westfalen. In der Tendenz beschleunigt sich in Brandenburg und Schleswig-Holstein im Jahresverlauf die Dynamik, während sie im Saarland nachlässt.

Unabhängig von der Stärke der Wachstumsraten ist aber zu beachten, dass hinter den relativen Veränderungen unterschiedliche absolute Beträge stehen, die je nach Gewichtung unterschiedlich stark den Bundesdurchschnitt beeinflussen. Gemessen an den absoluten Eurobeträgen können die Institute in Nordrhein-Westfalen in 2020 knapp ein Viertel des neu vergebenen Kreditvolumens aller deutschen Sparkassen auf sich vereinen. Zusammen mit den Sparkassen aus den Bundesländern Bayern und Baden-Württemberg kommen sie auf einen Anteil von rund 55 %. Damit beeinflussen diese drei Bundesländer die Wachstumsrate im Bund maßgeblich.

Insgesamt ist aber sehr gut zu erkennen, dass die Sparkassen in jedem der fünf Quartale – bis auf eine temporäre Ausnahme[7] – in den dargestellten Bundesländern positive Bestandszuwächse vorweisen konnten. Schwächere Entwicklungen in einzelnen Bundesländern werden durch stärkere in anderen Ländern ausgeglichen, sodass auf Bundesebene eine stabile Entwicklung entsteht. In Summe ist diese deutlich stärker, als die des Gesamtmarktes.

Die Höhe der Kreditnachfrage der Unternehmen und somit auch des Kreditwachstums der Sparkassen sind von verschiedenen Faktoren abhängig: Zunächst ist hier die regionale Wirtschaftsstruktur zu nennen. Dazu zählt, wie häufig Unternehmen und Selbstständige im Trägergebiet einer Sparkasse vertreten sind und wie hoch die Bevölkerungsdichte ist. Dies spiegelt sich letztendlich in der Siedlungsstruktur wider. Ein entscheidender Punkt ist dabei auch, zu welchen Wirtschaftsbranchen die Unternehmen und Selbstständigen gehören und wie groß deren wirtschaftliche Stärke ist. Ausdruck findet dies in der Wirtschaftskraft des Trägergebietes.

Ein weiterer Einflussfaktor ist auch die regionale Wettbewerbssituation der Institute. Für die Kreditentscheidung der Kunden sind Faktoren wie die Konditionengestaltung oder das Anbieten von maßgeschneiderten Lösungen sehr wichtig. Aber gerade im Unternehmenskreditbereich ist auch die Kundennähe und das aufgebaute Vertrauen ein sehr bedeutender Faktor. Sparkassen legen mit ihrer starken Verankerung im jeweiligen Trägergebiet traditionell sehr hohen Wert auf langfristig gewachsene, verlässliche Beziehungen zu ihren Kunden.

Kreditwachstum der Sparkassen nach der Wirtschaftskraft der Geschäftsgebiete

Anhand der Bruttowertschöpfung[8] je Einwohner lassen sich die Geschäftsgebiete der Sparkassen in drei Ausprägungen zusammenfassen. In der gewählten Einteilung gibt es Geschäftsgebiete mit einer hohen, mittleren und niedrigen Wirtschaftskraft im Vergleich zum Bundesdurchschnitt.[9]

In Abbildung 5a wird nochmals das im Beobachtungszeitraum volatilere Kreditwachstum aller Bankengruppen im Vergleich zur stabileren Entwicklung bei den Sparkassen deutlich. Im Mittel können Sparkassen in Geschäftsgebiete mit einer hohen, mittleren und niedrigen Wirtschaftskraft ab September 2020 ein höheres Kreditwachstum vorweisen als der Durchschnitt über alle Bankengruppen. Nach der Abgrenzung der Wirtschaftskraft stieg der Kreditbestand sowohl in Trägergebieten mit hoher Wirtschaftskraft, als auch in denen mit niedriger Wirtschaftskraft in etwa gleich stark. Geringfügig kleiner ist die Kreditvergabe in Trägergebieten mit mittlerer Wirtschaftskraft, dennoch ist auch dort das Niveau von September 2020 bis März 2021 teilweise deutlich höher als der Durchschnitt über alle Bankengruppen.

---

7 Das Saarland verzeichnete im 4. Quartal 2020 einen leichten Rückgang, der aber im 1. Quartal 2021 durch ein umso stärkeres Wachstum ausgeglichen wurde.

8 Die Bruttowertschöpfung wird durch Abzug der Vorleistungen von den Produktionswerten errechnet; sie umfasst also nur den im Produktionsprozess geschaffenen Mehrwert.

9 Als Basis der Normierung dient die Bruttowertschöpfung je Einwohner, der Indexwert von 100 stellt den Bundesdurchschnitt dar. Somit gibt es die Einteilung „Index 120 und mehr" für alle Geschäftsgebiete von Sparkassen, die eine hohe Wirtschaftskraft besitzen, einen „Index 80 bis unter 120" für eine mittlere Wirtschaftskraft sowie einen „Index unter 80" für eine niedrige Wirtschaftskraft.

Abbildung 5a

Kreditwachstum nach Wirtschaftskraft
Januar 2020 – März 2021 (Ende Vorjahr = 100)

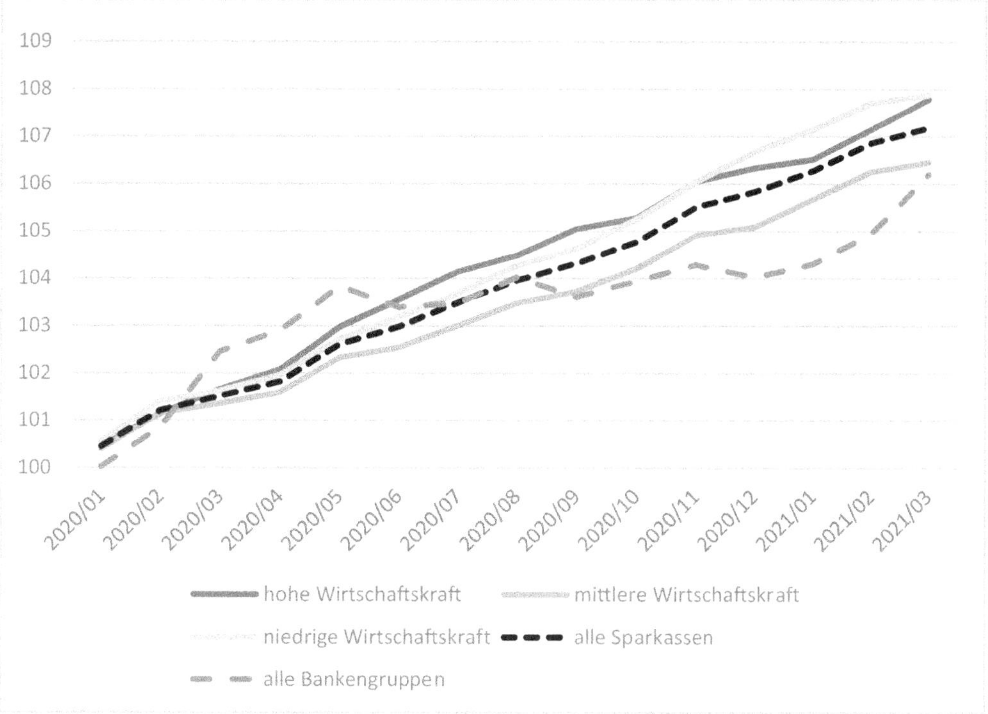

Quelle: DSGV, Statistik der Sparkassen, eigene Berechnungen.

Kreditwachstum der Sparkassen nach der Siedlungsstruktur der Geschäftsgebiete

Ein bedeutendes Merkmal zur Beschreibung des Geschäftsgebietes von Sparkassen ist die Siedlungsstruktur. Hier kann zwischen „Städtischen Regionen“, „Regionen mit Verstädterungsansätzen“ sowie „Ländlichen Regionen“ unterschieden werden.[10] Im dargestellten Zeitraum ergibt sich ein noch gleichmäßigerer Verlauf aller drei Regionstypen als in der Unterscheidung der Geschäftsgebiete nach Wirtschaftskraft (siehe Abb. 5b). Vor allem die Unternehmenskreditentwicklung von Sparkassen liegt im Durchschnitt bei „Städtischen Regionen“ und „Ländlichen Regionen“ sehr nah beieinander. Im Vergleich zum Anstieg der Kreditvolumina über alle Bankengruppen ist das Wachstum in allen Siedlungsstrukturtypen bei Sparkassen ab September 2020 erneut wesentlich höher.

10 Die gewählten Anforderungen orientieren sich an den Vorgaben des Bundesamtes für Bauwesen und Raumordnung. Auf eine weitergehende Unterteilung soll an dieser Stelle der Übersicht halber verzichtet werden.

Abbildung 5b

Kreditwachstum nach Siedlungsstruktur
Januar 2020 – März 2021 (Ende Vorjahr = 100)

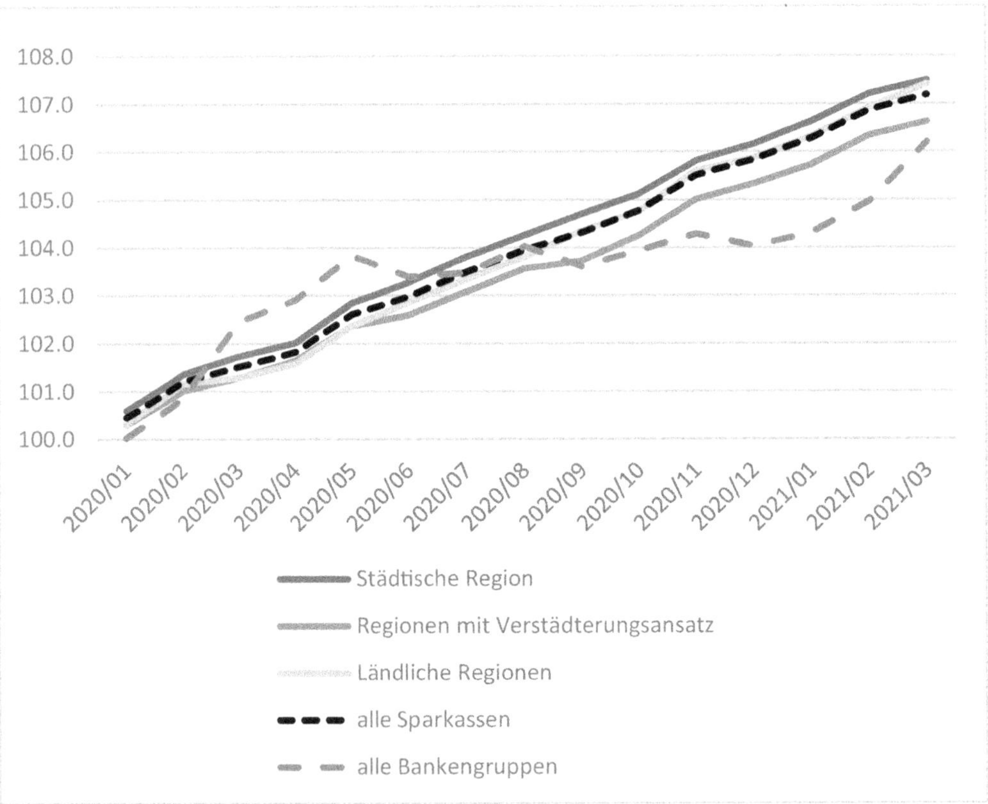

Quelle: DSGV, Statistik der Sparkassen, eigene Berechnungen.

Aus den beiden dargestellten Einteilungen der Geschäftsgebiete wird ersichtlich, dass Sparkassen sowohl in Trägergebieten mit vergleichsweise niedriger Wirtschaftskraft als auch in ländlichen Regionen ihre Kunden überdurchschnittlich stark durch ihre Kreditvergabe unterstützt haben. Dies gilt aber sehr wohl auch für städtische Regionen und Trägergebieten mit hoher Wirtschaftskraft. Somit haben Sparkassen den Unternehmen flächendeckend geholfen, die Pandemie zu überstehen.

Aber auch in „normalen" Zeiten verbessern regionale Institute die Kreditvergabe und schaffen ein besseres Kreditangebot vor Ort, sodass Finanzierungsbeschränkungen von kleinen und mittelständischen Unternehmen verringert werden. Sparkassen vergeben zeitnah dann Kredite, wenn der Bedarf bei den Unternehmen besteht. Dieser Zeitvorteil entsteht durch einen besseren Informationsfluss zwischen Kunden und Sparkassen. Viele für die Kreditentscheidung relevanten Informationen liegen bereits vor und müssen nicht erst eingeholt werden.[11]

Kleine regionale Institute spielen eine entscheidende Rolle im deutschen Bankensystem: Sparkassen in Deutschland fördern Wirtschaftswachstum in ihren jeweiligen Trägergebieten, dies gilt vor allem auch für struktur- und einkommensschwache Regionen, in denen Unternehmen und Selbstständige über weniger Finanzierungsangebote verfügen, da sich viele Wettbewerber aus diesen Märkten zurückgezogen haben. Hier schaffen Sparkassen Zugang zu Finanzierungen und tragen daher signifikant zur Entwicklung des Mittelstandes bei.[12]

Branchenspezifische Entwicklung

Seit März 2020 hatten die beiden Lockdowns aufgrund der Coronapandemie gravierende Auswirkungen auf die Volkswirtschaft. Die Wirtschaftssektoren waren dabei unterschiedlich stark von den Einschränkungen betroffen. So mussten z. B. Betriebe aus dem Dienstleistungssektor, wie der Gastronomie, dem stationären Handel oder der Tourismusbranche für einen langen Zeitraum schließen. Die Betriebe des Verarbeitenden Gewerbes litten unter einem zeitweise eingeschränkten Außenhandel, der neben einer temporär nachlassenden Exportnachfrage noch Probleme mit den Lieferketten und Produktionsausfälle nach sich zog.

Die Gesamtposition der Kredite an Unternehmen und Selbstständigen stieg mit +7,2 % von Jahresanfang 2020 bis Ende März 2021 bei Sparkassen überdurchschnittlich stark an, der Wert im Gesamtmarkt betrug 6,2 %. Das Wachstum bei Sparkassen wurde spürbar von den Dienstleistungssektoren[13] (siehe Abb. 6), aber auch vom Wirtschaftszweig „Verkehr und Lagerei, Nachrichtenübermittlung“ sowie vom Baugewerbe belebt. Deutlich unter Durchschnitt war die Zunahme bei Krediten an die Landwirtschaft mit +2,1 % oder an den Handel mit +1,6 %, die Kredite an das Verarbeitende Gewerbe stagnierten mit −0,2 %.

11 Behr et al. (2013).

12 Hakenes et al. (2015).

13 Die hier verwendete Einteilung der Wirtschaftssektoren wurde von der Deutschen Bundesbank übernommen.

Abbildung 6

Unternehmenskreditwachstum der Wirtschaftssektoren für 2020 und Q1/2021 in %

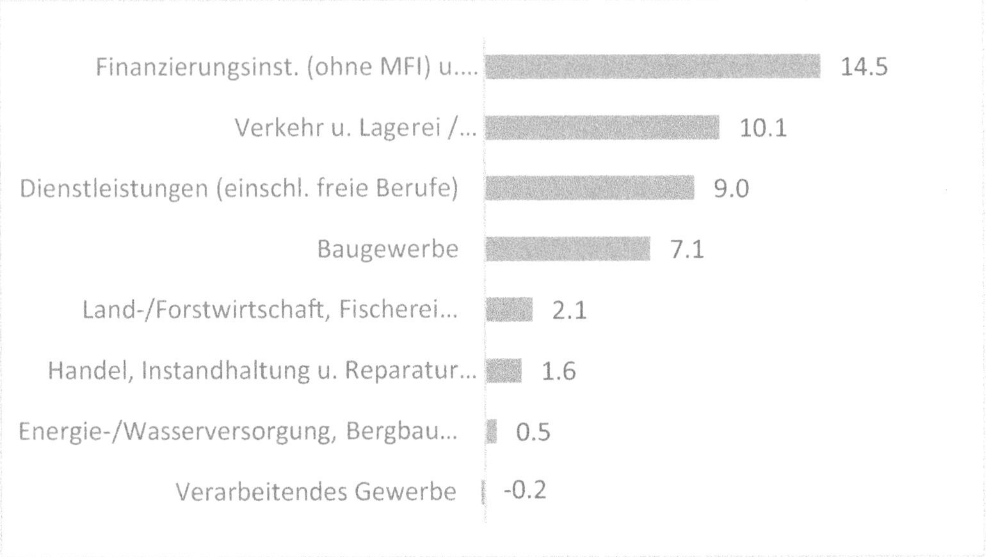

Quelle: DSGV, Statistik der Sparkassen, eigene Berechnungen.

Auch die absoluten Zahlen zeigen (siehe Abb. 7), dass ein Großteil des Zuwachses der Kreditvolumina im Zeitraum von Januar 2020 bis Ende März 2021 den Dienstleistungssektoren zugeordnet werden kann. Die höchsten Kreditzunahmen verzeichneten die Kredite an das Wohnungswesen (+9,0 Mrd. Euro), an das sonstige Grundstückswesen[14] (+5,6 Mrd. Euro), an die Informations- und Kommunikationsbranche[15] (+4,8 Mrd. Euro), an Finanzierungsinstitutionen (ohne Banken) und Versicherungen (+4,7 Mrd. Euro) sowie an das Baugewerbe (+2,3 Mrd. Euro). Diese Branchen weisen in den betrachteten fünf Quartalen ein positives und sehr stabiles Wachstum auf.

Insgesamt machen diese Branchen über 80 % der Zunahme der Gesamtkreditvolumina von Unternehmen und Selbstständigen aus. Der Kreditzuwachs in diesen Wirtschaftsbereichen ist nicht ungewöhnlich, sondern steht im Einklang zur langfristigen Entwicklung bei den Sparkassen. Er entspricht auch den Anteilen der Wirtschaftszweige im Kreditportfolio der Sparkassen: Dort machen oben genannte Wirtschaftszweige knapp 60 % der gesamten Kredite an Unternehmen und Selbstständige aus.

14 Kauf, Verkauf, Vermietung und Verwaltung von Gewerbeimmobilien, Gebäudedienstleistungen.

15 Sowie Forschung und Entwicklung, Interessenvertretung und Verlagswesen sowie die Erbringung von wirtschaftlichen Dienstleistungen.

Die hohen Engagements von Sparkassen im Grundstücks- und Wohnungswesen zeigen eine starke Verbundenheit der Institute mit regionalen Wohnungsbaugesellschaften auf, die auf langfristige Geschäftsbeziehungen zurückblicken können. Diese Wohnungsunternehmen verfügen meist über eine gute Eigenkapitalausstattung und einen positiven Cashflow aus einem Bestand an Wohnimmobilien.

Abbildung 7

Bestandsveränderungen in den Wirtschaftszweigen 2020 und Q1/2021 in Mrd. Euro

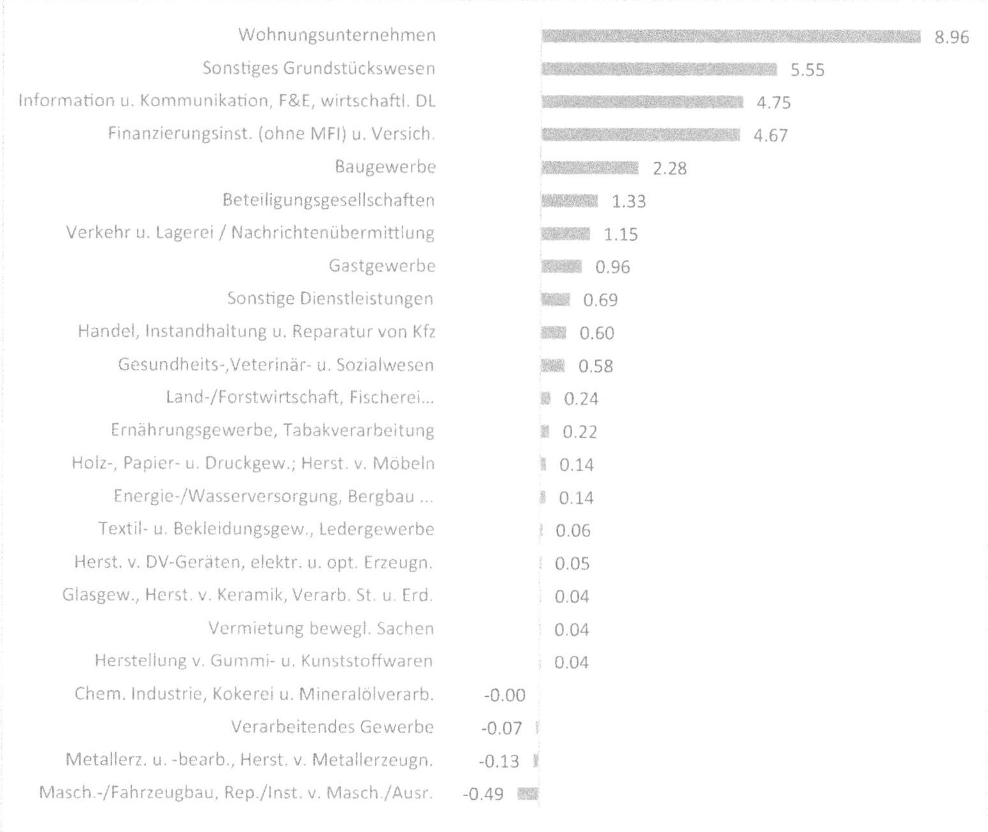

Quelle: DSGV, Statistik der Sparkassen, eigene Berechnungen.

Stark unter der Entwicklung der Vorjahre lagen die bedeutsamen Wirtschaftszweige Handel und das Verarbeitende Gewerbe, die aber auch besonders stark die Folgen der Coronakrise zu spüren bekamen. Hier wurden naturgemäß Investitionen zurückgestellt, Eigenmittel zugeführt und staatliche Unterstützungsleistungen in Anspruch genommen. Nahm der Kreditbestand des *Verarbeitenden Gewerbes* im ersten Halbjahr 2020 noch um rund 800 Mio. Euro zu, fiel das Kreditvolumen im zweiten Halbjahr um fast 900 Mio. Euro. Insgesamt ist hier ein Rückgang in Höhe von 70 Mio. Euro über 15 Monate festzustellen. In einzelnen Teilbranchen, wie dem Maschinen- und Fahrzeugbau, ist die Abnahme höher. Das Verarbeitende Gewerbe hatte Ende 2020 einen Anteil von 8,7 % am Unternehmenskreditvolumen.

Der *Handel* verzeichnete starke Zuwächse in der Kreditnachfrage vor allem im ersten Quartal in 2020 sowie 2021. Im zweiten bis vierten Quartal 2020 waren die Bestandsveränderungen stagnierend bzw. leicht negativ. Mit einem Anteil von 8,5 % am Unternehmenskreditgeschäft war der Handel ähnlich bedeutsam wie das Verarbeitende Gewerbe.

Das *Gastgewerbe* erreichte mit einer Zunahme von +8,4 % und knapp einer Mrd. Euro ein deutlich gesteigertes Kreditwachstum. Vor allem im ersten Halbjahr sowie im vierten Quartal 2020 waren stärkere Zugewinne wahrnehmbar. Das Gastgewerbe hat mit einem Anteil von 2,6 % am Unternehmenskreditvolumen der Sparkassen eine vergleichsweise geringere Gewichtung.

Diese von der Pandemie überdurchschnittlich stark betroffenen Branchen sind im Kreditportfolio der Sparkassen per Jahresende 2020 mit relativ geringen Anteilen vertreten.

Insgesamt werden im oben genannten Zeitraum in nahezu allen Wirtschaftsbereichen die Kreditvolumina von Unternehmen und Selbstständigen erhöht. 45,0 % des gesamten Unternehmenskreditbestandes der Sparkassen per Jahresende 2020 waren Wohnungsbaukredite. Diese Kredite sind naturgemäß gut besichert und weisen geringe Ausfallraten auf. 36,5 % des ausstehenden Kreditvolumens an Unternehmen und Selbstständige waren per Jahresende 2020 hypothekarisch besichert. Zu den am stärksten besicherten Branchen gehören ebenfalls größtenteils die Branchen, die absolut am stärksten gewachsen sind: Naturgemäß ist ein hoher Anteil des Wohnungswesens (56,3 %) und des sonstigen Grundstückswesens (44,0 %) hypothekarisch besichert, aber auch die Informations- und Kommunikationsbranche (47,8 %), das Gastgewerbe (42,9 %) sowie das Baugewerbe (37,0 %) weisen einen hohen bzw. überdurchschnittlichen Anteil auf.

Wirtschaftspolitische Implikationen

Der Mittelstand hat eine sehr hohe Bedeutung für die Wirtschaftsleistung und das Wirtschaftswachstum in Deutschland. Für kleine und mittelständische Unternehmen genießt die Finanzierung via Bankkredit traditionell einen hohen Stellenwert.

Die Wirtschaftspolitik zur konjunkturellen Stützung der Wirtschaftsbranchen während der Coronapandemie war erfolgreich: Ein hoher Anstieg von Insolvenzen und Arbeitslosigkeit konnten bisher verhindert werden. Nach den jeweiligen Lockdowns wurde eine sehr starke Erholung des Wirtschaftswachstums sichtbar. Da es sich bei den konjunkturellen Auswirkungen der Coronapandemie um einen exogenen Schock handelt, war es wichtig, die bestehende Wirtschaftsstruktur mit stützenden Maßnahmen über die Krise zu erhalten. Nur so ist es möglich, aufsetzend auf den erhaltenen Strukturen bei einem Abflauen des Infektionsgeschehens wieder ökonomische Schubkraft zu entfalten. Ebenso konnte die Kreditnachfrage nicht nur kurzfristig, sondern auch mittelfristig stabilisiert werden. Dies gilt vor allem für Branchen, die durch die Coronapandemie besonders schwer getroffen wurden. Hier ist es besonders wichtig, größeren Schaden durch kurzfristige Nachfrageeinbrüche zu verhindern.

Zukünftig wird es aufgrund des enormen staatlichen Finanzierungsbedarfs solcher Hilfsprogramme notwendig sein, die Tragfähigkeit der öffentlichen Finanzen wieder stärker in den Blick zu nehmen. Mittel- und langfristig gilt es zudem, strukturelle Lehren aus der Pandemie zu ziehen.

Viele Unternehmen befinden sich in einem Strukturwandel, der sich durch Themen wie Nachhaltigkeit und Digitalisierung sowie durch dauerhaft bleibende gesellschaftliche Veränderungen aufgrund der Pandemie noch beschleunigt hat. Eine wachstumsorientierte Förderpolitik, die auf die zukünftigen Herausforderungen der Unternehmen abzielt, kann maßgeblich zum langfristigen Erfolg der Unternehmen beitragen: Um die Anpassungsfähigkeit und Zukunftssicherheit der Unternehmen zu fördern, sollten diese durch zukunftsorientierte Förderprogramme beim Strukturwandel, der Digitalisierung sowie beim Schritt in Richtung Nachhaltigkeit unterstützt werden.

Insgesamt sollte die Stärkung der Wettbewerbsfähigkeit des Mittelstandes das Hauptziel der Wirtschaftspolitik sein. Wichtig dabei ist, die ländlichen Regionen und Regionen mit vergleichsweise niedrigerer Wirtschaftskraft nicht aus dem Auge zu verlieren. Diese Regionen dürfen im Wettbewerb mit den Ballungszentren nicht zurückfallen, sondern müssen als attraktive Lebens- und Wirtschaftsregionen für den Mittelstand erhalten werden. So sollte die Attraktivität ländlicher Räume für mittelständische Unternehmen erhöht werden, um die dauerhafte Fachkräfteversorgung zu sichern. Daneben sind zukunftsfähige Gewerbeflächen mit hochleistungsfähigen digitalen Infrastrukturen und Verkehrsanschlüssen wichtig, um regionale ökonomische Potentiale noch stärker zu aktivieren.[16] Durch die Pandemie verstärkte Trends wie das Homeoffice können zudem wichtige Treiber ländlicher Entwicklung sein.

Gleichzeitig brauchen Mittelständische Unternehmen verlässliche Finanzierungspartner vor Ort, die langfristig Kredite bereitstellen, damit Unternehmen den Wandel ihrer Prozesse und Strukturen finanzieren können. Die enge und bewährte Zusammenarbeit zwischen Unternehmen und ihren regionalen Hausbanken hat sich während der coronabedingten Einbrüche in der Realwirtschaft erneut gezeigt. Insbesondere haben sich Sparkassen einmal mehr als verlässlicher Ansprechpartner vor Ort erwiesen und sind ihrer Verantwortung als Hauptfinanzierer der mittelständischen Wirtschaft gerecht geworden. Die dezentralen Sparkassen geben die kleinteilige Struktur des Mittelstands wieder.

Sparkassen verfügen über langfristig gewachsene Kundenbeziehungen, von denen beide Seiten profitieren. Als Reaktion auf die Krise konnten, wenn notwendig, Kredite flexibel und zügig angepasst sowie Stundungen und Zahlungsmoratorien vereinbart werden. Eine Untersuchung der London School of Economics[17] hat gezeigt, dass die Umsetzung der deutschen Kreditprogramme im regionalen Hausbanksystem deutlich schneller und qualitativ besser durchgeführt wurde, als im britischen Bankensystem, das sehr stark von Großbanken geprägt wird. Hier profitierte die Vergabe der staatlichen Unterstützungskredite von genaueren Kenntnissen der regionalen Kreditinstitute über ihre Firmen- und Geschäftskunden. Damit trägt die Kundenähe und das aufgebaute Vertrauen maßgeblich zur Abfederung realwirtschaftlicher Schocks und daraus entstehender Finanzierungsengpässe bei.

Wichtig für die Investitionstätigkeit der mittelständischen Unternehmen sind vor allem die klassischen Kreditvergabemöglichkeiten der Sparkassen und Banken. Anders als in der Finanzmarktkrise 2007/2008 sind Kreditinstitute diesmal nicht Teil des Problems, sondern vielmehr Teil

16 Für nähere Erläuterungen siehe Mittelstandsbericht 2021.

17 Siehe Hancké et al. (2021).

der Lösung. Gleich zu Beginn der Covid-19-Pandemie haben internationale, europäische und deutsche Gesetzgeber, Aufseher und Regulatoren schnelle und durchaus pragmatische Reaktionen gezeigt, um auf die sich aus dem Lockdown ergebenden Anforderungen zu reagieren.

Alle Aufsichtsinstanzen haben dabei darauf geachtet, nur wirklich erforderliche, punktuelle und zielgerichtete Maßnahmen zu ergreifen, welche die Versorgung der Kunden mit Bankdienstleistungen, Krediten und Liquidität sicherstellen. Diese Maßnahmen waren notwendig; die Sparkassen sind verantwortungsvoll und im Sinne der Kunden damit umgegangen. Es besteht nun aber die Gefahr, dass die Aufsicht ihre Maßnahmen zu früh und noch vor einer nachhaltigen Erholung der wirtschaftlichen Entwicklung zurücknimmt. Die Covid-19-bezogenen Aufsichtsmaßnahmen müssen daher solange gelten, bis greifbare und nachhaltige Erholungszeichen sichtbar sind.

Auch sollten wir gemeinsam die Zeit nutzen, vor der Rückkehr zur „neuen Normalität" die aufsichtlichen Anforderungen kritisch zu durchleuchten und zu diskutieren, welche Maßnahmen sich als nachhaltig sinnvoll erwiesen haben. Was wir allerdings verhindern sollten ist, den Sparkassen zum aktuellen Zeitpunkt neue Regularien, wie neue Meldeanforderungen, aufzubürden.

Hierzu zählt auch die Frage, welche neuen aufsichtlichen Regularien unbedingt jetzt angegangen werden müssen oder welche mit Blick auf die Auswirkungen der Krise nochmals überprüft und auch eine Verschiebung nicht ausgeschlossen werden sollte, wie beispielsweise die Umsetzung des finalen Basel III-Pakets in der EU. Regelungen des Bankaufsichtsrechts dürfen keine Kreditklemme provozieren. Daher ist es wichtig, bei der Umsetzung von Basel III die Besonderheiten der deutschen und europäischen Wirtschafts- und Bankenstrukturen angemessen zu berücksichtigen. Hierzu zählt insbesondere die Beibehaltung des Unterstützungsfaktors für KMU- und Infrastrukturfinanzierungen sowie die Verhinderung einer Benachteiligung von Unternehmenskunden ohne externe Ratings. Insgesamt ist darauf zu achten, dass Sparkassen und Banken durch die neuen Regeln nicht übermäßig belastet werden.

Für Sparkassen und Banken ist auch die Aussetzung der strikten Abschreibungspfade für ausfallgefährdete Kredite entscheidend. Die Kreditinstitute sollten sehr flexibel und im engen Dialog mit ihren Kunden, bspw. durch Umschuldungs- und Streckungsvereinbarungen, reagieren können.

Um die erfolgreiche Zusammenarbeit von Sparkassen und Unternehmen auch in Zukunft zu gewährleisten, ist es notwendig, ein vielfältiges, ausdifferenziertes Bankensystem in Deutschland zu erhalten. Hieran hat die Bankenregulierung einen entscheidenden Anteil.

Gerade kleine und mittelgroße Institute müssen entlastet werden, da sie überproportional durch die Regulierungsmaßnahmen belastet werden. Die Intensität der Regulierung muss sich an der Institutsgröße, dem eingegangenen Risiko und der Komplexität der Geschäftstätigkeit der Institute orientieren.[18] Es ist daher zu begrüßen, dass die europäische Bankaufsichtsbehörde EBA im Juni 2021 einen Bericht mit 25 konkreten Vorschlägen für Kostenentlastungen im Meldewesen für kleine und mittelgroße Institute vorgelegt hat.[19] Der Bericht sendet ein richtiges Signal zur längst überfälligen Reduktion administrativer Kosten.

---

18 Siehe auch Schackmann-Fallis und Weiß (2017).

19 European Banking Authority (2021).

Regulatorische Maßnahmen im Rahmen der „Nachhaltigen Finanzierung" dürfen kleinen und mittleren Unternehmen (KMU) nicht den Zugang zu Finanzierungen erschweren. Für den Erfolg einer nachhaltigen Finanzwirtschaft ist es unerlässlich, die Realwirtschaft als Hauptadressaten der von der Politik vorgesehenen Maßnahmen einzubinden. Von nationalen regulatorischen Maßnahmen über die EU-Regelungen hinaus sollte Abstand genommen werden.

Der Mittelstand braucht die stabilen Geschäftsbeziehungen zu den regional ausgerichteten Kreditinstituten. Die hoheitliche Kontrolle über das deutsche Bankensystem darf nicht weiter auf die europäische Ebene übertragen werden. Weitere administrative Belastungen kleiner und mittelgroßer Institute durch europäische Abwicklungsregelungen wären kontraproduktiv. Eine Vergemeinschaftung der Einlagensicherung lehnen wir ab, weil sie die Stabilität der Refinanzierungsbasis der deutschen Kreditinstitute und somit auch die Kreditverfügbarkeit für die Realwirtschaft schwächt.

Fazit

Der Mittelstand hat eine hohe Widerstandsfähigkeit gegen den ökonomischen Schock bewiesen, der durch die Coronapandemie ausgelöst wurde. Unterstützt wurden die Unternehmen und Selbstständigen durch die Fördermaßnahmen des Staates sowie durch ein gut aufgestelltes Bankensystem. Gemeinsam haben sie bisher die Krise sehr gut gemeistert.

Sparkassen haben eine hohe Bedeutung für das deutsche Bankensystem, indem sie das Wirtschaftswachstum in ihren jeweiligen Trägergebieten fördern. Entscheidend ist dies vor allem für struktur- und einkommensschwache Regionen mit weniger Finanzierungsangeboten für Unternehmen und Selbstständige. Nach dem Rückzug vieler Wettbewerber schaffen Sparkassen den Zugang zu Finanzierungen und tragen maßgeblich zur Entwicklung des Mittelstandes bei.

Während der Coronakrise, aber auch schon früher, beispielsweise während der Finanzmarktkrise, haben Sparkassen eine hohe Dynamik in der Kreditnachfrage gespürt, die weit über die des Marktes hinausging. In Rezessionen oder Krisensituationen gehen Kreditvolumina bei Sparkassen – im Gegensatz zu anderen Bankengruppen – nicht zurück, sondern nehmen zu. Damit wirken regional verankerte Institute stabilisierend für den Markt.

Die Sparkassen stehen nun bereit, mit Ihren Unternehmenskunden den anstehenden Strukturwandel aktiv zu gestalten.

Literaturverzeichnis

- Behr, Patrick, Daniel Foos und Lars Norden (2017): Cyclicality of SME lending and government involvement in banks, Journal of Banking & Finance, 77, 64–77.
- Behr, Patrick, Lars Norden und Felix Noth (2013): Financial constraints of private firms and bank lending behavior, Journal of Banking & Finance, 37, 3472–3485.
- European Banking Authority (2021): Study of the cost of compliance with supervisory reporting requirement: Report, Publications Office of the European Union, Luxembourg.
- Hakenes, Hendrik, Iftekhar Hasan, Philip Molyneux und Ru Xie (2015): Small Banks and Local Economic Development, Review of Finance, 19 (2), 653–683.

- Hancké, Bob, Toon Van Overbeke und Dustin Voss (2021): ‚Crisis and complementarities: A comparative political economy of economic policies after Covid-19', Perspectives on Politics (forthcoming).
- Mittelstandsbericht 2021, Arbeitsgemeinschaft Mittelstand.
- Schackmann-Fallis, Karl-Peter und Mirko Weiß (2017): Die Rolle der Sparkassen auf dem deutschen Bankenmarkt, List Forum für Wirtschafts- und Finanzpolitik, 43 (3), 343–359.

Genossenschaftsbanken – Solides Kreditwachstum während der Coronapandemie[1]

ANDREAS BLEY UND MARTIN MICHELI

Andreas Bley, Bundesverband der Deutschen Volksbanken und Raiffeisenbanken (BVR), Email: a.bley@bvr.de
Martin Micheli, Bundesverband der Deutschen Volksbanken und Raiffeisenbanken (BVR), Email: m.micheli@bvr.de

Zusammenfassung: Kleine und mittlere Unternehmen in Deutschland haben auch während der Coronapandemie einen sehr guten Zugang zur Kreditfinanzierung. Hierauf deuten sowohl Umfragen unter Unternehmen als auch unter Banken hin. Der sehr gute Kreditzugang manifestiert sich in einem kräftigen Kreditwachstum während der Krise. Insbesondere die genossenschaftliche Kreditvergabe wächst seit vielen Jahren, auch während Rezessionen, mit robusten Raten. Im Rahmen eines Ungleichgewichtsmodells zeigen wir, dass die Kreditvergabe genossenschaftlicher Banken in der Coronapandemie durch die Nachfrage bestimmt wurde. Es gibt keine Anzeichen für angebotsseitige Beschränkungen der genossenschaftlichen Kreditvergabe.

Summary: German small and medium corporations had sufficiently access to bank loans during the Corona Pandemic. This is the result of surveys conducted among corporations and banks. A strong growth of bank loans points at generous credit provisions by German banks. Especially bank lending by cooperative banks has been remarkably robust in recent years and has expanded during the Great Recession as well as the European Debt Crisis. In a disequilibrium model, we show that cooperative banks' loan volumes during the Corona Pandemic have been determined by the demand side. There is no evidence for supply side restrictions.

→ JEL classification: C32, E51, G21
→ Keywords: Bank Loans, SMEs, Covid-19 Pandemic, Kreditfinanzierung, KMU, Coronapandemie

1 Die Autoren danken Doreen Tischer für die technische Unterstützung und Lina Zwick für die Bereitstellung ihres Programmcodes.

1 Einleitung

Mit der Rezession im Jahr 2020 hat die deutsche Wirtschaft den stärksten Wirtschaftseinbruch seit der Wiedervereinigung verzeichnet. Im ersten Quartal 2020 ging die Wirtschaftsleistung in Deutschland um 2,0 % zurück. Im zweiten Quartal brach die Wirtschaftsleistung um 9,7 % ein. Damit lag das Bruttoinlandsprodukt im Frühjahr 2020 rund 11,5 % unter dem Vorkrisenniveau. Ungewöhnlich war aber auch die hohe Geschwindigkeit des Rebounds im Zuge der Rückführung der Infektionsschutzmaßnahmen. So expandierte das Bruttoinlandsprodukt im dritten Quartal 2020 um 8,7 % und auch nach dem zweiten Lockdown ist für das dritte Quartal 2021 ein sehr dynamisches Wachstum absehbar. Die meisten Prognosen gehen davon aus, dass das Niveau der gesamtwirtschaftlichen Aktivität von vor der Coronapandemie bis Ende des Jahres 2021 wieder erreicht werden kann.

Jede Rezession hat ihre Besonderheiten. Im Fall der Coronapandemie war Deutschland zunächst vorwiegend durch Störungen internationaler Lieferketten betroffen. Mit Verbreitung des Virus in Europa lösten staatliche Infektionsschutzmaßnahmen zur Eindämmung der Pandemie sowie Verhaltensanpassungen der Bevölkerung dann jedoch auch in Deutschland einen tiefen Einbruch der gesamtwirtschaftlichen Aktivität aus. Zeitgleich wurde jedoch ein beispielloses Konjunkturprogramm zur Stützung der gesamtwirtschaftlichen Aktivität aufgesetzt. Die Bundesregierung beschloss im März und im Juni 2020 umfangreiche Hilfsmaßnahmen für die Wirtschaft. Die fiskalpolitischen Impulse wurden von der Europäischen Zentralbank (EZB) flankiert, die ihre ohnehin schon sehr expansive Geldpolitik nochmals ausweitete.

Die schnelle Stabilisierung der Konjunktur ist auf mehrere Faktoren zurückzuführen. Ein wesentlicher Faktor war der massive Einsatz der Wirtschaftspolitik. Hier profitierte Deutschland von seinen soliden Staatsfinanzen. Die Rückführung der Maastrichter Schuldenquote von 83 % in Relation zum Bruttoinlandsprodukt im Jahr 2010 auf 60 % im Jahr 2019 eröffnete der Finanzpolitik in Deutschland große Handlungsspielräume, ohne dass das höchste Bonitätsranking des Bundes in Frage gestellt wurde.

Ein zweiter wichtiger Faktor für die schnelle Stabilisierung der Konjunktur war die insgesamt gute finanzielle Verfassung der Unternehmen in Deutschland. So hat sich die Eigenkapitalquote der Unternehmen im Zeitraum von 2001 bis 2019 kontinuierlich erhöht und damit die Krisenanfälligkeit entsprechend verringert (Bley et al., 2021). Spiegelbildlich ist die Verschuldung der Unternehmen in Deutschland im internationalen Vergleich gering.

Ein dritter, nicht zu vernachlässigender Faktor für die konjunkturelle Resilienz dürfte die weitgehend störungsfreie Kreditvergabe der Kreditinstitute gewesen sein. So sieht der Vorsitzende des Ausschusses für Finanzstabilität Dr. Jörg Kukies die Kreditwirtschaft in der Coronapandemie als „Teil der Lösung und nicht Teil des Problems" (Börsenzeitung, 2021). Dies äußerte sich in einem kräftigen und im Zeitverlauf stabilen Wachstum der Kreditbestände, wobei auch die zügige Vergabe von Förderkrediten der KfW und der Landesförderinstitute durch die Banken vor Ort eine wichtige Rolle spielte.

2 Die Genossenschaftsbanken als Teil des deutschen Bankensystems

Genossenschaftsbanken spielen als eine der drei Säulen der deutschen Kreditwirtschaft eine tragende Rolle bei der Finanzierung des Mittelstands und der privaten Haushalte. Eine grobe Einordnung der Größenverhältnisse der drei Säulen lässt sich anhand der Bankenstatistik der Deutschen Bundesbank vornehmen. Gemessen an den Kundenkrediten lag der Marktanteil der Kreditgenossenschaften bei 17,4 %. Die Marktanteile der Sparkassen/Landesbanken und der Kreditbanken liegen bei 31,4 % bzw. 33,4 %.[2]

Die Mitgliedschaft ist ein charakteristisches Merkmal der Genossenschaftsbanken. Von ihren über 30 Millionen Kunden sind 18,4 Millionen zugleich Mitglieder, also Teilhaber ihrer Bank. Mit der Rechtsform der eingetragenen Genossenschaft ist einerseits der konkrete Auftrag der Mitgliederförderung und andererseits das Mitbestimmungsrecht der Mitglieder verbunden. Dies unterscheidet Genossenschaftsbanken von allen anderen Kreditinstituten. Die Rechtsform der „eingetragenen Genossenschaft" ist im deutschen Bankengewerbe nicht allein auf die Volksbanken und Raiffeisenbanken begrenzt. Zur genossenschaftlichen Bankengruppe gehören auch die PSD-Banken, Sparda-Banken, kirchliche Kreditgenossenschaften, die Deutsche Apotheker- und Ärztebank und die BBBank.

Ebenfalls typisch für Genossenschaftsbanken ist deren enge Verbindung zum wirtschaftlichen Mittelstand. Volksbanken und Raiffeisenbanken sind im 19. Jahrhundert als Selbsthilfeeinrichtungen mittelständischer Unternehmer entstanden. Dieser Ursprung prägt ihr Selbstverständnis. Als Partner und Finanziers setzen sie sich für einen starken, unabhängigen Mittelstand in Deutschland ein und für eine Kultur der Selbstständigkeit.

Regionalität ist ein weiteres typisches Merkmal der Genossenschaftsbanken. Als eigenständige Unternehmen sind Volksbanken und Raiffeisenbanken in besonderer Weise im regionalen Wirtschaftsleben verwurzelt. Ihre besonderen Stärken sind die genaue Kenntnis des Marktes und der persönliche Kontakt zu den Menschen in der Region.

Volksbanken und Raiffeisenbanken sind Allfinanzinstitute. Sie bieten ihren Kunden eine breite Palette an Finanzdienstleistungen aus einer Hand. Dafür sorgt die enge Zusammenarbeit mit der DZ BANK als genossenschaftliche Zentralbank sowie deren Tochterunternehmen wie der Bausparkasse Schwäbisch Hall, die R+V Versicherung oder der Fondsgesellschaft Union Investment in der Genossenschaftlichen FinanzGruppe Volksbanken Raiffeisenbanken. Insgesamt ist die Genossenschaftliche FinanzGruppe mit einer konsolidierten Bilanzsumme von 1.476 Mrd. Euro ein bedeutender und wirtschaftlich starker Wettbewerber auf dem deutschen Finanzmarkt. Die Ratingagenturen Standard & Poors und Fitch bestätigen die gute Marktposition und die finanzielle Stabilität der Genossenschaftlichen FinanzGruppe mit einem Langfristrating von AA- bzw. A+.

Die lange historische Tradition der Genossenschaftsbanken reicht bis tief in das 18. Jahrhundert zurück. Die älteste noch immer selbstständige Genossenschaftsbank ist die Volksbank Hohenlohe, welche auf die im Jahr 1843 gegründete Oehringer Privatspar- und Leihkasse zurückgeht (Gleber, 2012). In der zweiten Hälfte des 19. Jahrhunderts wurde eine Vielzahl auf der genossenschaftli-

2 Nicht den drei Säulen zugeordnet sind die Förderbanken – hier ist seit dem Jahr 2016 auch die DZ BANK als genossenschaftliche Zentralbank eingruppiert – sowie Bausparkassen und Hypothekenbanken.

chen Idee beruhender Banken gegründet. In kleineren Städten entstanden insbesondere auf den Konzepten Hermann Schulze-Delitzschs und Karl Korthaus beruhende Volksbanken. Im ländlichen Raum erfreuten sich insbesondere die auf die Ideen Friedrich Wilhelm Raiffeisens und Wilhelm Haas zurückgehenden Raiffeisenbanken hoher Beliebtheit. Um einem steigenden Wettbewerbsdruck zu begegnen, begannen Volksbanken und Raiffeisenbanken sich Mitte des 20. Jahrhunderts zunehmend zu vernetzen.

Aus diesem Prozess resultierte im Jahr 1972 der Zusammenschluss der beiden Bankengruppen und die Gründung des Bundesverbandes der Deutschen Volksbanken und Raiffeisenbanken (BVR), dem Spitzenverband der Volks- und Raiffeisenbanken in Deutschland. Bis zuletzt heben Genossenschaftsbanken Effizienzreserven durch Fusionen. So hat sich die Zahl der Institute seit den 1970er Jahren deutlich reduziert, gleichzeitig wuchsen die Genossenschaftsbanken überproportional und konnten so Marktanteile gewinnen (Bley, 2012a, 2012b). Ein Meilenstein dieser Konsolidierung war die im Jahr 2016 beschlossene Fusion der letzten beiden zu diesem Zeitpunkt noch verbliebenen genossenschaftlichen Spitzeninstitute zur DZ BANK.

Wenngleich der deutsche Bankenmarkt durch die drei Säulen eine hohe Diversität bezüglich Rechtsformen und Geschäftsmodellen aufweist, sind die Geschäftsmodelle innerhalb der genossenschaftlichen Säule vergleichsweise homogen. Aufgrund der Verpflichtung gegenüber ihren Mitgliedern konzentrieren Genossenschaftsbanken ihre Geschäftsaktivität typischerweise auf die Region und fördern die realwirtschaftliche Entwicklung vor Ort. Empirische Studien belegen, dass das primäre Geschäftsmodell genossenschaftlicher Banken das klassische Einlagen- und Kreditgeschäft mit Privat- und Firmenkunden darstellt. Allerdings kann zwischen eher aktivseitigen und eher passivseitigen Geschäftsmodellen unterschieden werden (Bley, 2018).

3 Kreditversorgung der deutschen Wirtschaft im Vergleich zu früheren Rezessionen

Umfragen unter Unternehmen und Banken liefern trotz der Coronapandemie aktuell wenig Hinweise auf eine deutliche Verknappung des Kreditangebots in Deutschland. Nach der Umfrage der Europäischen Kommission und der Europäischen Zentralbank über den Zugang von Unternehmen zu Finanzmitteln (SAFE) haben Schwierigkeiten beim Zugang zu Finanzierung in Deutschland in den vergangenen Jahren eine nur untergeordnete Rolle gespielt (Abb. 1). Selbst während der Großen Rezession gaben nur rund 17 % der befragten kleinen und mittleren Unternehmen den Zugang zu Finanzierung als ihr drängendstes Problem an. Seither hat sich dieser Anteil deutlich reduziert. Vor Ausbruch der Coronapandemie war dieser bei lediglich noch 4,6 % bzw. 5,7 % im ersten und zweiten Halbjahr 2019. Während der Coronapandemie stieg der Anteil der kleinen und mittleren Unternehmen, welche den Zugang zu Finanzierungsmitteln als ihr drängendstes Problem nannten, auf durchschnittlich 9,0 % im vergangenen Jahr. Dieser Anteil liegt allerdings in etwa in Einklang mit dem längerfristigen Durchschnitt von 8,4 %. Damit beklagten nur etwa halb so viele Unternehmen einen schlechten Zugang zu Finanzierungsmitteln als während der Großen Rezession. Auch im Vergleich zum übrigen Euroraum scheinen Finanzierungshemmnisse in Deutschland eine untergeordnete Rolle zu spielen.

Auf keine wesentlichen Beschränkungen der Kreditvergabe für kleine und mittlere Unternehmen lässt auch die Analyse der KfW und des ifo Instituts schließen. Zwar stieg die KfW-ifo-Kredithürde für den Mittelstand seit Ausbruch der Coronapandemie leicht an. So ordneten im ersten Quartal

Abbildung 1

Drängendste Probleme von KMUs in Deutschland

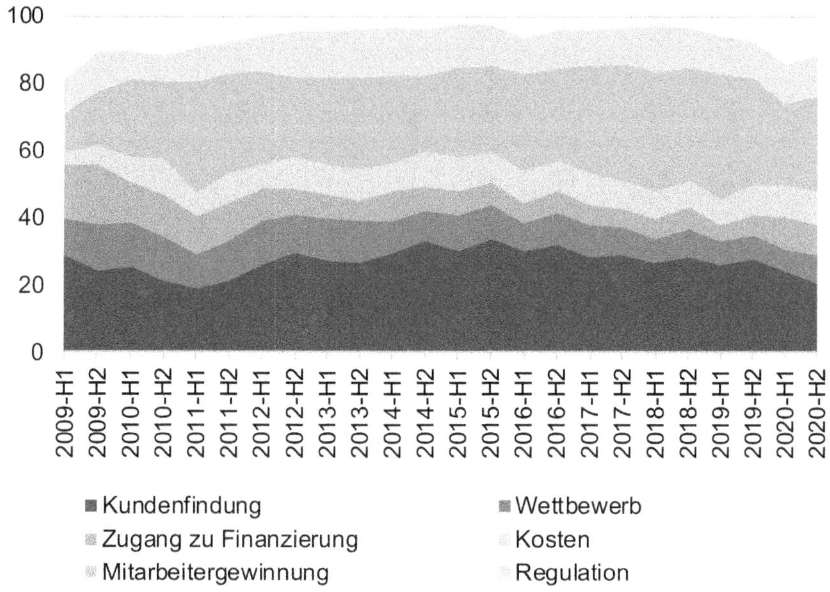

Quelle: Europäische Zentralbank.

2021 22,5 % der mittelständischen Unternehmen, welche sich um einen Kredit bemühten, die Kreditvergabe der Banken als restriktiv ein. Dies waren 5,9 Prozentpunkte mehr als vor Ausbruch der Coronapandemie. Allerdings ging gleichzeitig die Zahl der mittelständischen Unternehmen, welche sich um eine Kreditfinanzierung bemühten, um 6,2 Prozentpunkte auf lediglich noch 20,6 % zurück.

Bankenseitig bestätigen die Ergebnisse des deutschen Bank Lending Survey, die sich aus den Unternehmensbefragungen ergebende Diagnose, eines weiterhin guten Zugangs zu Finanzierungsmitteln für kleine und mittlere Unternehmen in Deutschland. So strafften Banken ihre Kreditvergabestandards für kleine und mittlere Unternehmen währen der Coronapandemie nur unwesentlich. Auch schwächte sich die Straffung der Vergabestandards im Jahresverlauf 2020 bereits wieder ab. Nach dem Platzen der Dotcom-Blase und dem Beginn der globalen Finanzkrise verschärfte hingegen ein deutlich größerer Teil der deutschen Banken ihre Vergabestandards (Abb. 2).

Auch die Entwicklung der Kreditvolumina legt einen guten Zugang zur Kreditfinanzierung während der Coronapandemie nahe. Abb. 3 zeigt die um statistische Brüche bereinigten jährlichen Veränderungen des Kreditbestandes an inländische Unternehmen und Selbstständige in Relation zum Kreditbestand in Prozent sowie die Beiträge verschiedener Bankengruppen zu dieser prozentualen Veränderung in Prozentpunkten. Bis zuletzt weist das Kreditvolumen ein robustes Wachstum auf. Zwar hat die Kreditvergabe mit Ausbruch der Coronapandemie im zweiten Quartal

Abbildung 2

Veränderung der Kreditvergabestandards in den vergangenen 3 Monaten
Nettosalden in Deutschland

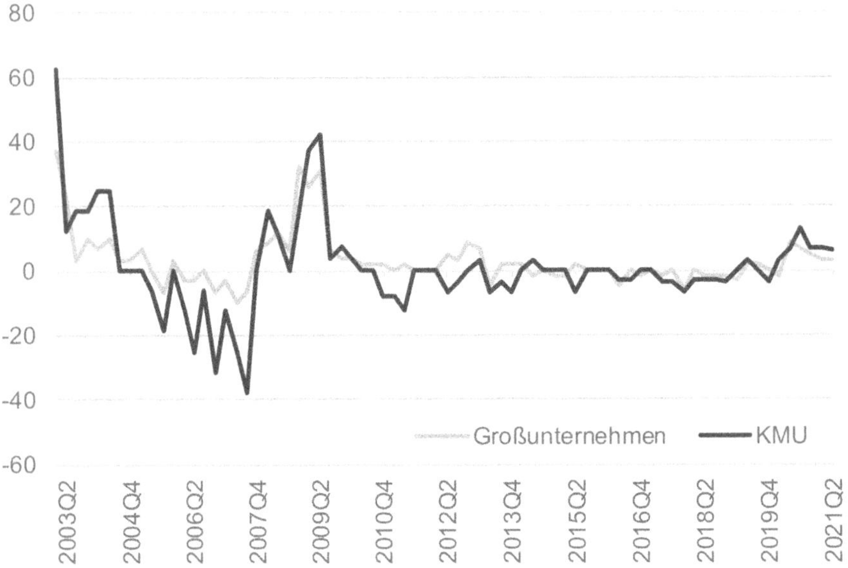

Quelle: Europäische Zentralbank.

2020 etwas an Dynamik verloren. Allerdings lag das Kreditvolumen noch immer rund 3,4 % über dem Wert des Vorjahresquartals.

In früheren Rezessionen hatten Bilanzverkürzungen zur Kontrolle bilanzieller Risiken die Kreditvergabe in Deutschland belastet. Aktuell scheinen die aus der Coronapandemie resultierenden Risiken in den Bankbilanzen allerdings beherrschbar. Der Druck zum Abbau von Risiken dürfte daher weniger stark ausgeprägt sein als nach der Finanzkrise, auch aufgrund deutlich größerer Eigenkapitalpolster der Kreditinstitute (Deutsche Bundesbank, 2020a). Insbesondere die Kreditvergabe der Genossenschaftsbanken, der Sparkassen sowie der Banken mit Sonder-, Förder- und sonstigen zentralen Unterstützungsaufgaben entwickelte sich von der Krise nahezu unbeeindruckt. Insoweit dürften von der Kreditentwicklung aktuell kaum Hemmnisse für die konjunkturelle Entwicklung herrühren.

Abb. 3 veranschaulicht auch die hohe Resilienz der genossenschaftlichen Kreditvergabe in Krisenzeiten. Sowohl während der Finanzkrise und der daran anschließenden Großen Rezession als auch während der Europäischen Staatsschuldenkrise weiteten Genossenschaftsbanken ihre Kreditvergabe an Unternehmen und Selbstständige mit robusten Raten aus. Die genossenschaftliche Kreditvergabe ist damit eine maßgebliche Stütze der Kreditentwicklung in Krisenzeiten. Aktuell wird das Kreditvolumen genossenschaftlicher Banken sogar nochmals stärker ausgeweitet als während der Großen Rezession.

Abbildung 3

Wachstum und Wachstumsbeiträge des Kreditbestands
in Prozent und Prozentpunkten

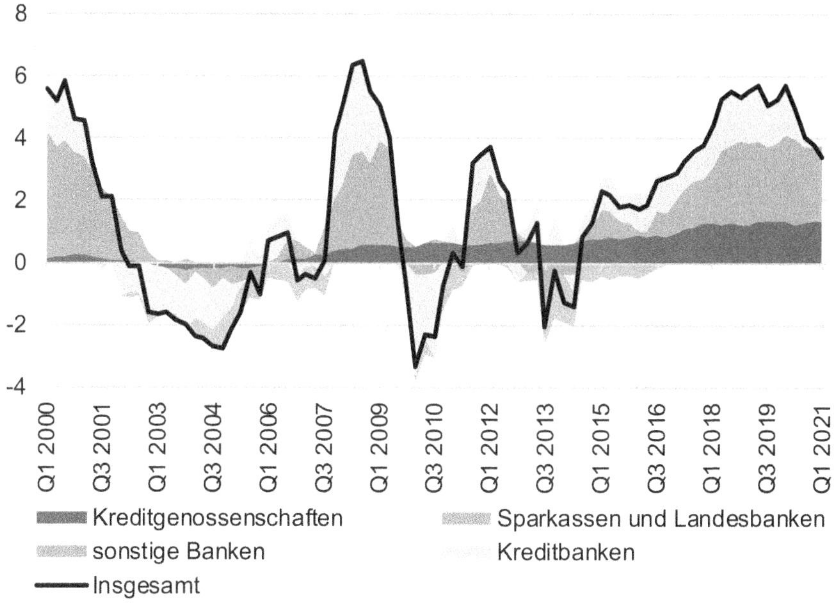

Quelle: Deutsche Bundesbank, eigene Berechnungen.

Eine Ursache für die robuste Kreditentwicklung während der Coronapandemie, auch von Genossenschaftsbanken, sind die Kreditförderprogramme der KFW. In der Coronapandemie profitierten Mittelstandskunden – einschließlich Kleinunternehmer und Freiberufler – von einer stabilen Geschäftsbeziehung mit ihrer genossenschaftlichen Hausbank vor Ort, welche ihren Firmenkunden passgenaue Finanzierungslösungen unter Einbeziehung öffentlicher Fördermittel anbieten konnte. Bis Ende Juni 2021 verzeichneten Genossenschaftsbanken 58.262 Coronaförderanträge bei der KfW und den Landesförderinstituten mit einem Antragsvolumen von rund 11,5 Milliarden Euro. Bei den KfW-Coronaförderkrediten stellen die Genossenschaftsbanken einen Marktanteil von rund 30 % des Antragsvolumens.

4 Kreditvergabe von Genossenschaftsbanken bleibt nachfragegetrieben

Während der Coronapandemie haben Banken ihre Kreditvergabe an Unternehmen kräftig ausgeweitet. Pandemiebedingt mussten jedoch insbesondere Unternehmen in den Dienstleistungsbereichen erhebliche Umsatzeinbußen hinnehmen, was auch den Bedarf nach liquiden Mitteln zur Überbrückung von Liquiditätsengpässen deutlich erhöht haben dürfte. Zwar deuten sowohl Umfragen unter Unternehmen als auch unter Banken auf ein weiterhin großzügiges Kreditangebot während der Coronapandemie hin. Im Folgenden soll jedoch die Kreditvergabe genossenschaftlicher Banken im Rahmen eines ökonometrischen Modells genauer untersucht werden.

Typischerweise wird angenommen, dass an einem Markt der Preis als regulativ den Ausgleich zwischen Angebot und Nachfrage sicherstellt. Aufgrund von Informationsasymmetrien kann der Zins diese Funktion an den Kreditmärkten jedoch nicht immer leisten (Stiglitz und Weiss, 1981). Daher können Phasen eines Kreditüberangebots und einer Kreditrationierung entstehen.

Wir bedienen uns zur Analyse der die Kreditentwicklung treibenden Kräfte eines Ungleichgewichtsmodells. Im Rahmen eines solchen Modells werden das nicht beobachtbare Angebot und die nicht beobachtbare Nachfrage anhand der beobachteten Kreditvergabe modelliert und so auf angebots- bzw. nachfrageseitige Beschränkungen geschlossen. Solche Modelle haben sich in der Literatur bewährt und werden weithin zur Analyse des Kreditmarktes verwendet (Bauwens und Lubrando, 2007; Poghosyan, 2010; Vouldis, 2015; Schmidt und Zwick, 2018).

Wir orientieren uns an dem Modell von Bauwens und Lubrando (2007):

$$d_t = x'_{1t}\beta_1 + u_{1t}$$
$$s_t = x'_{2t}\beta_2 + u_{2t}$$
$$q_t = \min\left(x'_{1t}\beta_1, x'_{2t}\beta_2\right) + \delta_t u_{1t} + (1 - \delta_t)u_{2t}$$

d und s repräsentieren die nicht beobachtbare Kreditnachfrage bzw. das nicht beobachtbare Kreditangebot. x_{1t} und x_{2t} sind Vektoren der die Nachfrage und das Angebot erklärenden Variablen, β_1 und β_2 sind die zu schätzenden Effekte der erklärenden Variablen auf die Kreditnachfrage bzw. das -angebot. u_{1t} und u_{2t} repräsentieren normalverteilte Fehlerterme der Kreditnachfrage $(u_{1t} \sim N\left(0, \sigma_1{}^2\right))$ und des Kreditangebots $(u_{2t} \sim N\left(0, \sigma_2{}^2\right)$. δ_t ist eine Indikatorvariable $(0 \leq \delta_t \leq 1)$, welche die Wahrscheinlichkeit eines Kreditnachfrageregimes anzeigt. Wir schätzen das Modell mittels Maximum Likelihood. Für die Startwerte der Parameter verwenden wir die geschätzten Koeffizienten aus separaten OLS-Schätzungen. Dabei wird angenommen, dass sich das Kreditangebot und die Kreditnachfrage im Gleichgewicht befunden haben.

Im Rahmen dieses Modells erklären wir das ausstehende Kreditvolumen an Unternehmen und Selbstständige von Kreditgenossenschaften. Wir verwenden dabei das nominale Kreditvolumen. Kreditverträge in Deutschland werden typischerweise über nominale Beträge geschlossen. Die erwartete Inflation der Vertragsparteien ist jedoch nicht bekannt und könnte sich zwischen den Parteien unterscheiden. Auch dürfte die erwartete Inflation vom Zeitpunkt des Abschlusses des Kreditvertrages abhängen. Daher ist die nominale der realen Betrachtung vorzuziehen (Vouldis, 2015).

Für die erklärenden Variablen orientieren wir uns an der einschlägigen Literatur. Das Kreditangebot hängt vom Zins für Dreimonatsgeld am Interbankenmarkt ab, welcher die für Banken relevanten Kosten der Finanzierung abbildet. Des Weiteren berücksichtigen wir das Volumen der Einlagen von Nichtbanken bei Kreditgenossenschaften. Diese Liquidität kann für die Kreditvergabe verwendet werden, weshalb wir einen positiven Zusammenhang erwarten. Als dritte zu erklärende Variable für das Kreditangebot berücksichtigen wir den Preisindex deutscher Bankaktien. Zwar sind Genossenschaftsbanken nicht börsennotiert. Dennoch könnten Aktienpreise börsennotierter Banken Ertragserwartungen reflektieren, die in ähnlicher Weise auch das Geschäft von Genossenschaftsbanken beeinflussen. Daher erwarten wir einen positiven Zusammenhang zwischen der Aktienpreisentwicklung deutscher Banken und der Kreditvergabe von Genossenschaftsbanken.

Die Kreditnachfrage erklären wir mit den realen Bruttoinvestitionen, deren Deflator und der Laufzeitprämie deutscher Staatsanleihen mit zehnjähriger Restlaufzeit gegenüber Papieren mit einer Restlaufzeit von zwei Jahren. Die Investitionen sollten positiv mit dem Kreditvolumen zusammenhängen, da ein höherer Investitionsbedarf in einer verstärkten Kreditnachfrage resultieren sollte. Auch der Deflator der Bruttoinvestitionen dürfte positiv mit dem Kreditvolumen zusammenhängen, steigern höhere Preise doch den nominalen Kreditbedarf. Die Laufzeitprämie wird allgemeinhin als Indikator für zukünftige konjunkturelle Entwicklungen verstanden. Um einer Überhitzung der Konjunktur vorzubeugen, reagieren Notenbanken typischerweise mit Leitzinserhöhungen. Eine hohe Laufzeitprämie ist daher indikativ für eine positive konjunkturelle Entwicklung. Umgekehrt impliziert eine negative Laufzeitprämie die Erwartung sinkender Zinsen, was indikativ für eine negative konjunkturellen Entwicklung ist.

Das Ungleichgewichtsmodell kann sowohl statisch als auch dynamisch geschätzt werden. Wir folgen Schmidt und Zwick (2018) und schätzen ein dynamisches Modell durch Berücksichtigung des beobachteten Kreditvolumens des Vorjahres als erklärende Variable in den Schätzgleichungen für das Kreditangebot und die Kreditnachfrage. Für eine dynamische Schätzung spricht die hohe Persistenz des Kreditvolumens. Aktuelle Realisationen dürften bei hoher Persistenz vom vergangenen Kreditvolumen abhängen, was für eine dynamische Schätzung spricht.

Für die Schätzung eines statischen Modells spricht hingegen, dass die vergangenen Werte des Kreditangebots und der Kreditnachfrage nicht vorliegen und nur durch das beobachtete Kreditvolumen approximiert werden können. Darüber hinaus können autoregressive Terme den Erklärungsgehalt der übrigen exogenen Variablen beeinflussen (Achen, 2000). Als Robustheitsanalyse dokumentieren wir daher auch das Ergebnis der Schätzung eines statischen Modells.

Tabelle Regression zeigt die geschätzten Koeffizienten des dynamischen und des statischen Modells für den Schätzzeitraum von 1999 bis 2020. In Klammern unter den Koeffizienten berichten wir die Standardabweichung der Koeffizienten. Neben dem Ungleichgewichtsmodell dokumentieren wir die Ergebnisse der separaten Schätzungen des Kreditangebots und der Kreditnachfrage mittels kleinster Quadrate. Diese geschätzten Koeffizienten dienen als Startwerte für die Parameter der Maximum Likelihood-Schätzung.

Wie erwartet hängt die nominale Kreditnachfrage positiv von den realen Bruttoinvestitionen, deren Deflator und der Laufzeitprämie ab. Diese drei Variablen sind Indikatoren für den aktuellen bzw. den zukünftig erwarteten Kreditbedarf. Für das Kreditangebot weist der Interbankenzins einen positiven Koeffizienten auf. Ein höherer Interbankenzins wirkt sich somit positiv auf die Kreditvergabe aus. Dies mag widersprüchlich erscheinen, repräsentieren die Zinsen doch die Finanzierungskosten der Banken. Für Banken ist jedoch nicht die Höhe des Zinses, sondern vielmehr die Zinsmarge entscheidend. Diese ging mit dem Rückgang des Zinsniveaus in den vergangenen Jahren ebenfalls spürbar zurück (Deutsche Bundesbank, 2020b). Insoweit könnte eine Erklärung des positiven Vorzeichens der Interbankenzinsen deren Korrelation mit der Zinsmarge von Geschäftsbanken sein.

Hohe Kundeneinlagen bedeuten typischerweise geringere Kosten der Kreditvergabe im Vergleich zu Geschäftsbanken mit nur geringen Kundeneinlagen. Zwar belasten Kundeneinlagen in Zeiten negativer (Zentralbank-)Zinsen die Erträge von Banken. Eine Möglichkeit diese Belastungen zu reduzieren ist jedoch die Kreditvergabe. Daher steht der positive Zusammenhang zwischen Kundeneinlagen und Kreditangebot in Einklang mit der vorherigen Erwartung.

Die Preise von Bankaktien scheinen das Kreditangebot von Genossenschaftsbanken negativ zu beeinflussen. Dies steht in Gegensatz zu dem erwarteten positiven Zusammenhang. Eine mögliche Erklärung hierfür ist, dass die Preise von Bankaktien weniger informativ für die Situation des Bankensystems insgesamt, sondern vielmehr für Veränderungen der relativen Wettbewerbsposition börsengehandelter gegenüber nicht an der Börse gehandelter Banken sind. So profitieren von den massiven Wertpapierkäufen des Eurosystems über den Kanal steigender Wertpapiernotierungen vor allem einzelne Großbanken (Urbschat, 2018), während stark auf das Einlagen- und Kreditgeschäft hin ausgerichtete, traditionell kleinere Banken durch die daraus resultierende zusätzliche Liquidität im Bankensystem belastet werden.

Tabelle

Regression

	Dynamisch		Statisch	
	OLS	Ungleichgewichtsmodell	OLS	Ungleichgewichtsmodell
Kreditnachfrage				
Konstante	-1,3399***	-1,3144***	1,0252**	3,1499***
	(0,1100)	(0,1538)	(0,4154)	(0,8628)
Verzögertes Kredit-	0,9084***	0,8883***		
volumen	(0,0227)	(0,0318)		
Bruttoinvestitionen	0,1081***	0,1134***	0,0649	0,0058
	(0,0260)	(0,0279)	(0,1164)	(0,2120)
Deflator der	0,4363***	0,4800***	2,3935***	2,0243***
Bruttoinvestitionen	(0,0530)	(0,0705)	(0,0915)	(0,2200)
Laufzeitprämie	0,0107***	0,0097**	-0,0023	-0,1129***
	(0,0227)	(0,0042)	(0,0122)	(0,0226)
Kreditnachfrage				
Konstante	-1,3766***	1,0476**	0,8115	5,5079***
	(0,2894)	(0,4677)	(0,9014)	(1,2675)
Verzögertes Kredit-	0,8831***	0,7097***		
volumen	(0,0313)	(0,0585)		
Interbankenzins	0,0078***	0,0258***	0,0223***	0,0263***
(3 Monate)	(0,0021)	(0,0044)	(0,0065)	(0,0065)
Einlagen bei Kredit-	0,2225***	0,2384***	0,9023***	0,5973***
genossenschaften	(0,0310)	(0,0464)	(0,0629)	(0,0848)
Preisindex von	-0,0194***	-0,1180***	-0,0987***	-0,2222***
Bankaktien	(0,0068)	(0,0165)	(0,0201)	(0,0366)
Log Likelihood		275,01		167,99

Typischerweise nimmt die Wahrscheinlichkeit angebotsseitiger Kreditbeschränkungen (z. B. durch restriktivere Kreditvergabestandards) während der Rezessionen ab. Unternehmen haben aufgrund des Einbruchs der gesamtwirtschaftlichen Aktivität einen rückläufigen Finanzierungsbedarf, was die Kreditnachfrage dämpft. Die Gefahr einer Kreditklemme ist im beginnenden Aufschwung deutlich höher, wenn eine anziehende Kreditnachfrage auf ein durch Konsolidierungsbemühungen wegen rezessionsbedingter Kreditausfälle belastetes Kreditangebot trifft. Insgesamt deutet jedoch wenig auf Angebotsbeschränkungen der Kreditgenossenschaften (Kreditangebotsregime) im gesamten Zeitraum hin. Für keines der Quartale übersteigt die Wahrscheinlichkeit 75 % (Abb. 4).

Abbildung 4

Wahrscheinlichkeit eines Kreditangebotsregimes

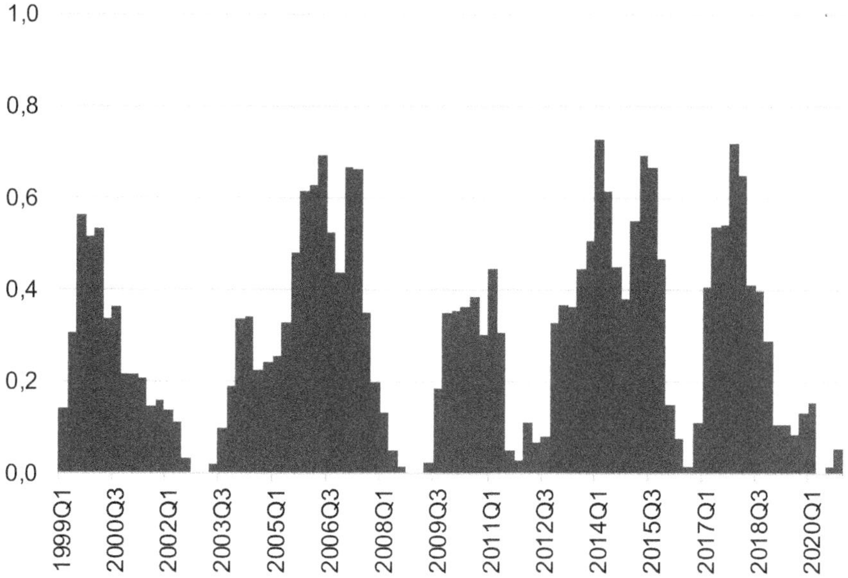

Quelle: Eigene Berechnungen.

Mit dem Platzen der Dotcom-Blase und im Zuge der globalen Finanzkrise hat sich die Wahrscheinlichkeit einer angebotsseitig getriebenen Kreditvergabe deutlich reduziert. Auch in den anschließenden Aufschwüngen bleibt die Wahrscheinlichkeit eines Kreditangebotsregimes ausgesprochen gering. Insoweit bestätigt unsere Schätzung die in der Literatur vorherrschende Diagnose, dass Genossenschaftsbanken eine zentrale Stütze des Kreditangebots und des Aufschwungs nach der Großen Rezession waren (Hüfner, 2010; Kotz und Schmidt, 2017; Schmidt und Zwick, 2018; Schmidt, 2018).

Auch aktuell scheint die Kreditvergabe durch Genossenschaftsbanken wesentlich durch nachfrageseitige Faktoren bestimmt. Seit Ausbruch der Coronapandemie deutet nichts auf spürbare angebotsseitige Kreditbeschränkungen durch Genossenschaftsbanken hin. Auch im Sommer 2020, als die Infektionszahlen deutlich zurückgegangen waren, Infektionsschutzmaßnahmen gelockert wurden und eine konjunkturelle Gegenbewegung zu dem Absturz der gesamtwirtschaftlichen Aktivität des ersten Halbjahres einsetzte, dürfte die Kreditnachfrage die wesentliche Bestimmungsgröße des genossenschaftlichen Kreditbestandes gewesen sein.

Zum Test der Robustheit dieses Ergebnisses schätzen wir auch ein statisches Modell. Die geschätzten Parameter sind qualitativ sehr ähnlich. Der Interbankenzins und Kundeneinlagen hängen positiv, die Preise von Bankaktien negativ mit dem Kreditangebot genossenschaftlicher Banken zusammen. Lediglich für die Kreditnachfrage ergeben sich Unterschiede. Die Laufzeitprämie weist nun einen negativen Koeffizienten auf. Die Bruttoinvestitionen (wenngleich insignifikant) und deren Deflator hängen positiv mit der Kreditnachfrage zusammen. Auch im statischen Modell ist die Wahrscheinlichkeit angebotsseitiger Beschränkungen der genossenschaftlichen Kreditvergabe im Zuge der Coronapandemie deutlich gesunken.

5 Ausblick

Die Kreditvergabe genossenschaftlicher Banken dürfte ein wesentlicher stabilisierender Faktor der Kreditentwicklung in Deutschland gewesen sein, sowohl während der Großen Rezession und der daran anschließenden konjunkturellen Erholung als auch während der Coronapandemie. Genossenschaftsbanken weiteten das Kreditvolumen an Unternehmen und Selbstständige seit der Großen Rezession stets mit robusten Raten aus. Die Analyse, der das Kreditvolumen treibenden Faktoren im Rahmen eines Ungleichgewichtsmodells zeigt, dass zuletzt insbesondere die Nachfrageseite das Kreditvolumen genossenschaftlicher Banken bestimmt hat; es gibt keine Hinweise auf merkliche angebotsseitige Beschränkungen der Kreditvergabe.

Damit die Kreditwirtschaft auch in der Zukunft ihre stabilisierende Rolle bei der Bewältigung von Rezessionen spielen kann, müssen die Kreditinstitute hinreichend resilient sein. Hierzu müssen sie zukunftsfähigen Geschäftsmodellen folgen, sich auf den Märkten unter hohem Wettbewerbsdruck behaupten können und über ausreichende Eigenkapitalpolster verfügen. Ein starker Belastungsfaktor ist für die Kreditwirtschaft insbesondere die anhaltende Niedrig- und Minuszinspolitik, die sich in den kommenden Jahren noch fortsetzen dürfte (ESRB, 2021).

Insbesondere Banken, deren Geschäftsmodell das traditionelle Einlagen- und Kreditgeschäft ist, leiden unter den Negativzinsen im Euroraum. Der aus den Wertpapierkäufen des Eurosystems resultierende strukturelle Liquiditätsüberschuss im europäischen Bankensystem belastet die Erträge der Banken zusätzlich. Auch hier sind insbesondere in den Regionen verankerten Banken, welche ein hohes Kundenvertrauen genießen, betroffen, da Einlagen beim Eurosystem negativ verzinst werden. Diese Banken spielen jedoch eine zentrale Rolle bei der Finanzierung des Mittelstands.

Um die Kreditvergabemöglichkeiten der Banken im Euroraum nicht zu belasten, sollte das Eurosystem schnellstmöglich aus der Negativzinspolitik aussteigen. Inwieweit negative Zinsen überhaupt expansive geldpolitische Impulse setzen können, ist fraglich. Zwar machen negative Zinsen die intertemporale Konsumverschiebung in spätere Perioden weniger attraktiv und setzen so Konsumanreize. Allerdings belasten diese auch die Erträge von Banken, was die geldpolitische Transmission behindert, sodass negative Zinsen auch kontraktiv wirken können (Eggertsson et al., 2017; Eggertsson et al., 2019). So verzichtet die Federal Reserve als weltweit wichtigste Zentralbank aufgrund der hohen Unsicherheit bezüglich ihrer Wirkung bewusst auf negative Zentralbankzinsen (Powell, 2020). Solange das Eurosystem an den negativen Notenbankzinsen festhält, sollten Geschäftsbanken über Freibeträge von den resultierenden Kosten entlastet werden, um einer möglichen Beeinträchtigung der Kreditvergabe vorzubeugen. Die EZB hat mit der Einführung des zweistufigen Systems für die Verzinsung von Überschussreserven (Tiering) im Oktober 2019 ein solches Instrument eingeführt. Dieses wurde allerdings trotz der massiven Ausweitung der Wertpapierkäufe bisher nicht nachjustiert, sodass die Entlastungen aus dem Tiering nur vergleichsweise gering ausfallen. Etwa in Japan und der Schweiz wurden Banken deutlich umfangreicher von den Belastungen der Negativzinsen freigestellt (Deutsche Bundesbank, 2021).

Literaturverzeichnis

- Achen, C. H. (2000): Why Lagged Dependent Variables Can Suppress the Explanatory Power of Other Independent Variables. Presented at the Annual Meeting of the Political Methodology Section of the American Political Science Association, UCLA, July 20–22.
- Bauwens, L. und M. Lubrano (2007): Bayesian inference in dynamic disequilibrium models: an application to the Polish credit market. Econometric Reviews, 26 (2–4), 469–486.
- Bley, A. (2012a): Die genossenschaftliche FinanzGruppe heute: stabile Säule der deutschen Kreditwirtschaft in: DG Verlag, 40 Jahre Genossenschaftliche FinanzGruppe Volksbanken Raiffeisenbanken, Wiesbaden 2012.
- Bley, A. (2012b): Gute Zeiten, schlechte Zeiten. Genossenschaftsbanken auch in schwerem Gelände sattelfest, Bankinformation, Januar
- Bley, A., M. Holstein, C. Niegsch und G. Vogt (2021): Mittelstand im Mittelpunkt, Ausgabe Frühjahr 2021, BVR und DZ BANK.
- Bley, A. (2018): Limited diversity – business models of German cooperative banks, Vierteljahreshefte zur Wirtschaftsforschung 87 (4): 55–66.
- Börsenzeitung (2021): „Robust durch die Krise gekommen", Börsenzeitung vom 1. Juni 2021, https://www.boersen-zeitung.de/robust-durch-die-krise-gekommen-7152257e-c2d4-11eb-94b9-d40ea920bf2b, zuletzt abgerufen am 14. 07. 2021.
- Deutsche Bundesbank (2020a): Finanzstabilitätsbericht 2020, Deutsche Bundesbank.
- Deutsche Bundesbank (2020b): Die Ertragslage der deutschen Kreditinstitute im Jahr 2019. Deutsche Bundesbank Monatsbericht September 2020: 75–105.
- Deutsche Bundesbank (2021): Das zweistufige System für die Verzinsung der Reserveguthaben und seine Auswirkungen auf Banken und Finanzmärkte. Deutsche Bundesbank Monatsbericht Januar 2021: 61–81.
- Eggertsson, G. B., R. E. Juelsrud, L. H. Summers und E. G. Wold (2019): Negative nominal interest rates and the bank lending channel. National Bureau of Economic Research Working Paper No. w25416.
- Eggertsson, G. B., R. E. Juelsrud und E. G. Wold (2017): Are negative nominal interest rates expansionary? National Bureau of Economic Research Working Paper No. w24039.
- ESRB (2021): Lower for longer – macroprudential policy issues arising from the low interest rate environment. European Systemic Risk Board.
- Gleber, P. (2012): Viele Wurzeln – ein Gedanke: Entstehung der Volksbanken und Raiffeisenbanken bis zur Zusammenführung in: DG Verlag, 40 Jahre Genossenschaftliche FinanzGruppe Volksbanken Raiffeisenbanken, Wiesbaden 2012.
- Hüfner, F. (2010): The German banking system: lessons from the financial crisis. OECD Economics Department Working Paper No. 788.
- Kotz, H.-H. und R. H. Schmidt (2017): Corporate Governance of Banks – A German Alternative to the „Standard Model". SAFE White Paper No. 45.
- Poghosyan, T. (2010): Slowdown of Credit Flows in Jordan in the Wake of the Global Financial Crisis: Supply or Demand Driven? IMF Working Papers, 2010 (256).
- Powell, J. (2020): 60 Minutes interview on economic recovery from the coronavirus pandemic. https://www.cbsnews.com/news/full-transcript-fed-chair-jerome-powell-60-minutes-interview-economic-recovery-from-coronavirus-pandemic/, zuletzt abgerufen am 30. 06. 2021.
- Schmidt, Reinhard H. (2018): Passt das deutsche Dreisäulensystem in eine zunehmend harmonisierte Bankenstruktur für Europa? SAFE Policy Letter, No. 65, Goethe University

Frankfurt, SAFE – Sustainable Architecture for Finance in Europe, Frankfurt a. M., http://nbn-resolving.de/urn:nbn:de:hebis:30:3-456229.
— Schmidt, T. und L. Zwick (2018): Loan supply and demand in Germany's three-pillar banking system during the financial crisis. International Finance, 21 (1), 23–38.
— Stiglitz, J. E. und A. Weiss (1981): Credit rationing in markets with imperfect information. The American Economic Review, 71 (3): 393–410.
— Urbschat, F. (2018): The good, the bad, and the ugly: Impact of negative interest rates and QE on the profitability and risk-taking of 1600 German banks. CESifo Working Paper No. 7358.
— Vouldis, A. (2015): Credit market disequilibrium in Greece (2003–2011) – a Bayesian approach. European Central Bank Working Paper No. 1805.

Die Coronapandemie hinterlässt Spuren – die Kernherausforderungen sind jedoch erheblicher

MATTHIAS KOWALLIK

Matthias Kowallik, Institutionelle Kunden – Leiter Sparkassen & Finanzinstitute der DekaBank, Deutsche Girozentrale, Frankfurt a. M., E-Mail: Matthias.Kowallik@deka.de

Zusammenfassung: Der Deka-S-Finanzklima wurde in der Coronapandemie entwickelt und ermöglicht durch die breite Erhebung auf Top-Managementebene eine Reflektion bzgl. der Einschätzung zur Wirtschaftslage in Deutschland. Insgesamt zeigt sich, dass die Folgen der Coronapandemie zwar belasten, die weiteren Umfeldbedingungen (insbesondere die Negativzins-Beeinträchtigungen) hinterließen und hinterlassen jedoch deutlichere Spuren. Der Sparkassensektor ist einer der wesentlichen Finanzierer des – insbesondere in Deutschland bestehenden – Mittelstandes. Die Einlagenkonditionen der Sparkassen, mit einer Zinsbelastung oberhalb des Markzinsniveaus, sind die mittelbaren Einstandskosten für die Finanzierung des Mittelstandes. Die Herausforderung in der Steuerung des Zinsgeschäfts besteht u. a. darin, dass negative Konditionsbeiträge im Einlagengeschäft realisiert werden und sich die Kapitalbindung der Passiva erheblich reduziert hat. Die Kreditnehmer hingegen haben Bedarf an längeren Zins- und Kapitalbindungen. Dem folgend entstehen potentielle Liquiditäts- und Ertragsrisiken für die Sparkassen bei der Durchführung ihres öffentlichen Auftrags die Wirtschaft mit Krediten zu unterstützen.

Summary: The Deka financial climate was developed during the corona pandemic and, thanks to its broad-based survey at top management level, enables a reflection on the assessment of the economic situation in Germany. Overall, it can be seen that while the consequences of the corona pandemic are having a negative impact, other economic conditions, in particular the burdens caused by negative interest rates, have left and continue to leave clearer traces. The savings bank sector is one of the main financiers of Small- and Midsized Enterprises (SMEs) especially those in Germany. The deposit conditions of the savings banks, with interest charges above the market interest rate level are the indirect initial costs for financing SMEs. One of the challenges in managing the interest rate business is that negative condition contributions are being realized in the deposit business and that the capital commitment of liabilities has been significantly reduced. Borrowers, on

→ JEL classification: G11, G21, G32, I10

→ Keywords: Bank Earnings, Regional Banks, Covid-19 Pandemic, Bank, Ertragskraft, Regionalbanken, Corona the other hand, have a need for longer interest rate and capital commitments. This gives rise to potential liquidity and earnings risks for the savings banks in carrying out their public mandate to support the economy with loans.

1 Wirkung der Coronapandemie

Die Zinspolitik der EZB, die regulatorischen Rahmenparameter sowie die Coronapandemie wirken auf die Entwicklung der Erträge der Banken. Kernfragen sind beispielsweise wie und ob potentielle Engpässe beim Herauffahren der Produktion der kreditnehmenden Kunden wirken.

Um eine zügige Beurteilung der aktuellen Lage neben den bestehenden Statistiken von Konjunktur, Wirtschaft und Finanzmärkten zu generieren, entwickelte die Universität Magdeburg im Forschungszentrum für Sparkassenentwicklung mit der Deka den Deka-S-Finanzklima. Ziel ist es, das Vorstandswissen der Sparkassen um den Zustand der deutschen Wirtschaft zu aktivieren und für die aktuelle Wirtschaftseinschätzung nutzbar zu machen. Die erste Erhebung fand im August für das dritte Quartal 2019 statt. Die Ergebnisse deuteten auf ein angespanntes finanzielles und wirtschaftliches Umfeld für die deutsche Volkswirtschaft hin. Die mit Abstand wichtigsten Einzelrisiken wurden mit neuen Infektionswellen sowie eventuell steigenden Unternehmensinsolvenzen genannt. Die Ergebnisse der zweiten Befragung im 1. Quartal 2021 zeigten, dass die Sparkassen alles in allem zuversichtlich blieben. Der Deka-S-Finanzklima stieg im ersten Quartal 2020 zum zweiten Mal deutlich an und lag mit 99,7 Punkten (Bandbreite 0 bis 200) im neutralen Bereich. Die Kreditbedingungen für die Unternehmen in Deutschland blieben günstig, die Kreditnachfrage nahm weiter zu. Im zweiten Quartal 2021 kam es zu einem weiteren Anstieg des Deka-S-Finanzklima. Die Sparkassen dokumentierten mit ihrer Einschätzung die Erholungsbewegung der deutschen Wirtschaft nach Beendigung der scharfen Coronarestriktionen. Die obersten Entscheidungsträger der Sparkassen brechen insgesamt jedoch nicht in Euphorie aus. Mit dem Gesamtwert von 102,4 Punkten wurde zwar erstmalig die Optimismus-Schwelle in der Skala überschritten, jedoch gibt es noch Luft nach oben. Ein Grund für die nüchterne Einwertung der Lage sind aufsteigende Inflationsängste, die sich im Laufe der Coronapandemie in den Vordergrund geschoben haben.

Insgesamt zeigt sich, dass sich die regionalen Finanzinstitute nicht zu mehr Optimismus bezüglich ihres Geschäftsumfeldes durchringen konnten. Ursächlich hierfür ist aber weniger die konjunkturelle Einschätzung als die weiteren Umfeldbedingungen. Insbesondere die Negativzins-Belastungen hinterließen und hinterlassen weiterhin deutliche Spuren. Infolgedessen werden im Weiteren die bereits bestehenden Herausforderungen beschrieben, die durch die Pandemie weiter verstärkt werden (könnten).

2 Bankensystem in Deutschland

Der Aufbau des deutschen Bankensystems ist grundsätzlich in zwei Ebenen geteilt und mittels einer Drei-Säulen-Struktur ausgestaltet.[1] Die Kernfunktion der Ebenen sind dabei ein Differenzierungsmerkmal. Ebene eins charakterisiert die auf ökonomische Interessen ausgerichteten Kreditinstitute mit Vertriebsschnittstelle zum direkten Kunden. Das europäische System von

1 Vgl. Deutscher Bundestag (2009), S. 3.

Zentralbanken mit deren nationalen Äquivalenten (u. a. die Deutsche Bundesbank)[2] wird in Ebene zwei mit der Kernfunktion der Verfolgung von wirtschaftspolitischen und volkswirtschaftlichen Zielen (u. a. Geldumlauf, Kreditversorgung, Preisstabilität) gebündelt.[3]

Im Rahmen der Ebene eins wird dabei zwischen Universal- und Spezialbanken unterschieden. Universal- sind – anders als Spezialbanken, die sich auf ausgewählte Bankgeschäfte oder Kundengruppen fokussieren – auf ein umfassendes Spektrum an Leistungen ausgerichtet.[4] Dies ist ein deutliches Unterscheidungsmerkmal zum in den USA vorherrschenden Trennbankensystem[5]. Für Förder- und Strukturaufgaben bestehen für die einzelnen Bundesländer in Deutschland 16 Förderbanken (wie beispielsweise die Investitionsbank Schleswig-Holstein), sowie die bundesweit tätige KfW-Bankengruppe und die Landwirtschaftliche Rentenbank.[6]

Der deutsche Bankenmarkt gliedert sich in eine Drei-Säulen-Struktur mit Differenzierung in der Rollenfunktion des Kreditinstituts und Haftung.[7] Die einzelnen Säulen bestehen aus Privat-, öffentlich-rechtlichen sowie aus Genossenschaftsbanken. Zu den Privatbanken gehören beispielsweise die Deutsche Bank AG und die Commerzbank AG, zu den öffentlich-rechtlichen Banken zählen insbesondere die Sparkassen, zu den Genossenschaftsbanken u. a. die regionalen Volksbanken. Bezogen auf die Anzahl der Banken bilden die Sparkassen mit ihren jeweiligen Landesbanken zuzüglich der Kreditgenossenschaftlichen Institute mit 1.331 von 1.717 (somit ca. 77,50 %)[8] im Jahr 2019 den wesentlichen Anteil der eigenständigen Banken in Deutschland. Sparkassen und Kreditgenossenschaften betreiben mit ihrem Filialnetz ca. 65 % der gesamten Bankfilialen.[9]

Neben dem homogenen Geschäftsmodell von Sparkassen haben regional wirtschaftliche Strukturunterschiede innerhalb des Geschäftsmodells Einfluss auf die Zusammensetzung der Bilanzstruktur. So ist der relative Anteil der Kredite an der Bilanzsumme insbesondere bei Sparkassen in Ostdeutschland signifikant geringer als in den westlichen Bundesländern.[10] Die Relation der Bilanzsumme zu den Gesamtbilanzsummen der Banken in Deutschland zum relativen Anteil der von den Banken in Deutschland vergebenen Kredite verdeutlicht die differenzierte Ausrichtung der Bankengruppen auf der Aktivseite.

2 Vgl. § 3 BbankG.

3 Vgl. Deutscher Bundestag (2009), S. 3.

4 Vgl. Deutscher Bundestag (2009), S. 3.

5 Zur Systematik des Trennbankensystems vgl. Blum/Burghof (2012), S. 1–3.

6 Vgl. Investitionsbank Schleswig-Holstein (2020), S. 1.

7 Vgl. Eim (2004), S. 16.

8 Vgl. Bankenverband (2020a), S. 2.

9 Vgl. Bankenverband (2020a), S. 2.

10 Vgl. Holtmann (2013), S. 5.

Abbildung 1

Relative Anteile der Privat- und Unternehmenskredite[11]

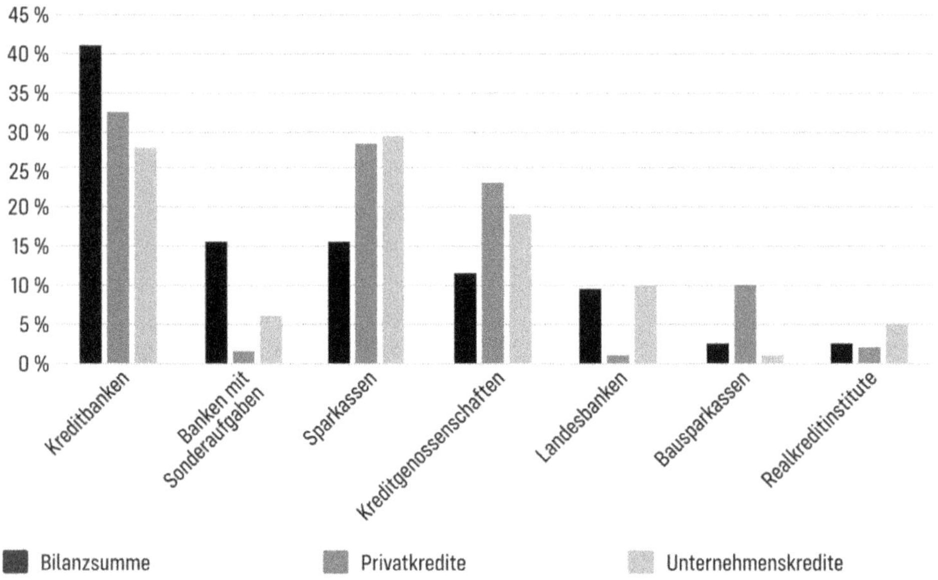

Abbildung 1 veranschaulicht den hohen Anteil von Sparkassen und Kreditgenossenschaften an Privat- und Unternehmenskrediten bei der Gesamtkreditvergabe insgesamt und insbesondere in Relation zur Bilanzsumme. Der Sparkassensektor gehört somit zu einer der wesentlichen Finanzierungsquellen des – insbesondere in Deutschland ansässigen – Mittelstandes.

Einen wesentlichen Einfluss auf die Profitabilität und damit der Stabilität von Banken haben die Refinanzierungskosten der Kreditinstitute. Die Kundeneinlagen reflektieren dabei die mittelbaren Einstandskosten für die Finanzierung des Mittelstandes.

3 Refinanzierung von Banken

Der Sparkassensektor – und mit ihm kleinere und mittlere Kreditinstitute – ist im letzten Jahrzehnt anspruchsvollen Veränderungen ausgesetzt gewesen. Einen wesentlichen Einfluss hat die Veränderung des Zinsniveaus auf die Refinanzierungskosten. Zum Einen hat sich das Zinsniveau erheblich reduziert und die Banken befinden sich derzeit in einer Niedrig- bzw. Negativzinsphase.

Zum Anderen hat sich die Struktur der Passiveinlagen/Spareinlagen und damit die Refinanzierungssituation erheblich verändert. Ein Phänomen mit inzwischen hoher Relevanz sind die im Volumen stark zugenommenen Einlagen der Kategorien Sicht- und Spareinlagen.

11 Eigene Darstellung, vgl. Bankenverband (2020b), S. 1f.

3.1 Kundenzinsbindungen der Kredite und Einlagen

Im Rahmen ihrer Tätigkeit der Finanzintermediation kommt es zum Einen zu einer Transformation von Kapitalbindungen und zum Anderen von Zinsbindungen.[12] Zudem erfolgt eine Umwandlung von Losgrößen (Losgrößentransformation),[13] um die jeweiligen einzelkundenbezogenen Einlagen und Kreditvolumina im jeweils gewünschten Geldbetrag zu ermöglichen.[14] Der Hintergrund liegt in der unterschiedlichen Bedürfnisstruktur der Kunden der Bank. Der Retail-Kunde präferiert grundsätzlich eine gute Verfügbarkeit (kurze Zins- und Kapitalbindung/Präferenz aufgrund Unsicherheit der Konsumbedürfnisse), der Kreditnehmer hingegen längerfristige (Zinsbindung, Liquidität) Kreditvergaben.[15]

Die Sicherung des langfristigen Zinses für Kredite ist insbesondere bei Kreditnehmern in Deutschland (u.a. aufgrund der vorherrschenden Festzinskultur und des ausgeprägten Vorsichtsprinzips) weit verbreitet.[16] Der deutsche Kreditnehmer präferiert grundsätzlich die Planungssicherheit ggü. Zinsveränderungen und die bessere Kalkulierbarkeit der Kapitaldienstfähigkeit von kurzfristigeren Zins- und Kapitalbindungen.[17] Damit nimmt Deutschland im Bereich der Kundenbedürfnisse nach Festzinsbindungen eine Sonderrolle im internationalen Vergleich ein, da in anderen Ländern das variabel verzinsliche Darlehen vorherrscht (bspw. in Spanien und dem Vereinigten Königreich).[18] Die Zusammensetzung der Kundenkreditvolumen der Aktivseite ist somit von überwiegend langfristigen Forderungen[19] (Kreditvergaben an Privat- und Firmenkunden) gekennzeichnet.

Die Kundeneinlagen sind hingegen von einem hohen Anteil kurzfristiger Verbindlichkeiten geprägt. Abbildung 2 skizziert die prozentuale Verteilung der jeweiligen Produktarten am Gesamtvolumen der Passiva und die Fristigkeiten der Aktiva im Kundengeschäft des Sparkassensektors.

---

12 Vgl. Picker (2012), S. 5.

13 Der einzelne Kredit ist im Volumen nicht eins zu eins im Verhältnis zu einzelnen Einlagen, sondern Kredite und Einlagen stehen sich im Rahmen eines Pools (Bündelung einer Mehrzahl von Volumen von einzelnen Krediten bzw. Einlagen) gegenüber. Vgl. grundlegend Wagner (1857), S. 49–73.

14 Hartmann-Wendels/Pfingsten/Weber (2015), S. 12–13.

15 Vgl. Hartmann-Wendels/Pfingsten/Weber (2015), S. 220.

16 Vgl. Hüther/Voigtländer/Haas/Deschermeier (2015), S. 15.

17 Vgl. Hüther/Voigtländer/Haas/Deschermeier (2015), S. 17.

18 Vgl. Haas/Voigtländer (2014), S. 4.

19 Kurzfristige Forderungen haben eine Laufzeit von bis zu einem Jahr, mittelfristige Forderungen von eins bis fünf Jahren, langfristige Forderungen über fünf Jahre.

Abbildung 2

Struktur Kundengeschäft Aktiva und Passiva, Stand 6/2020[20]

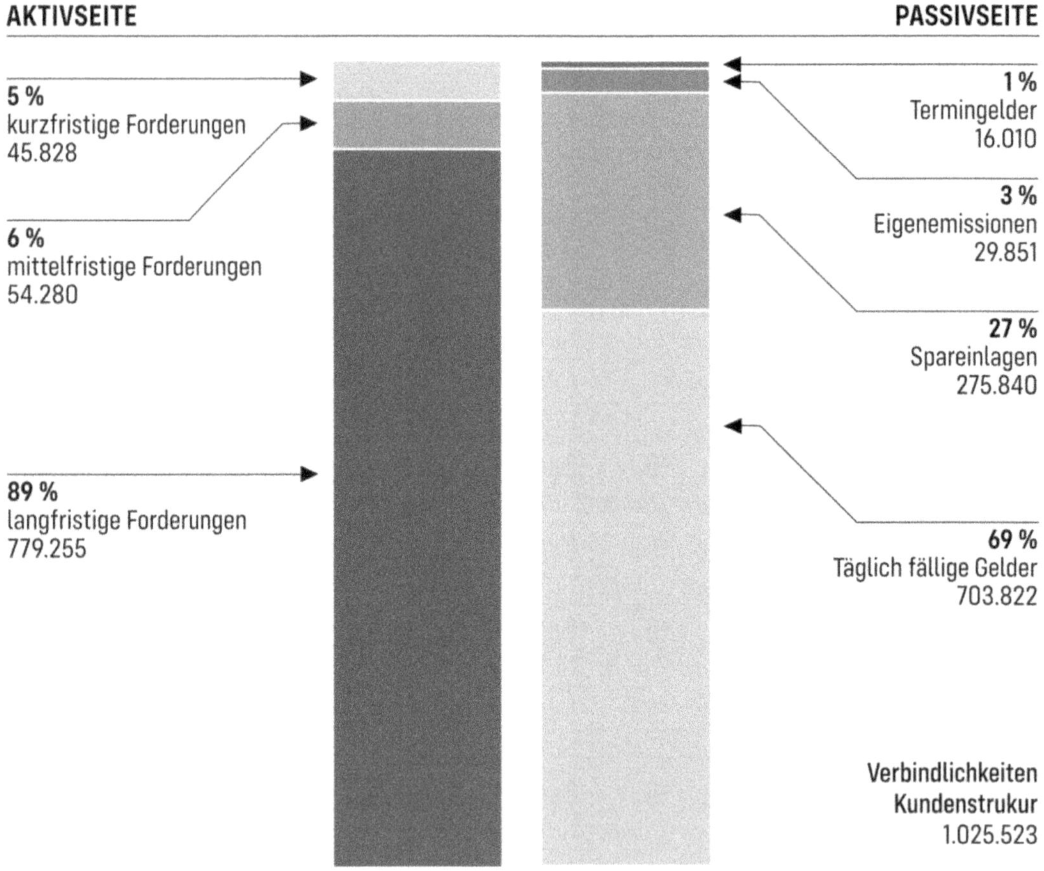

Die Positionen der täglich fälligen Gelder dominieren mit einem Anteil von 69 % (bzw. 703.822 Mrd. €) das Kundengeschäft der Passivseite und bestehen in der Zusammensetzung insbesondere aus Sichteinlagen.

Der Anteil der Sichteinlagen an den Einlagen hat über alle Bankengruppen hinweg sehr deutlich zugenommen. Insbesondere seit der Finanzmarktkrise 2008 kam es zu einem starken relativen Anstieg. Abbildung 3 zeigt die prozentuale Entwicklung der Sichteinlagen in Relation zu den Gesamteinlagen von Nichtbanken für den Zeitraum 12/1999–02/2020.

20 Eigene Darstellung, vgl. DSGV (2020b).

Abbildung 3

Sichteinlagen Banken Deutschland[21]

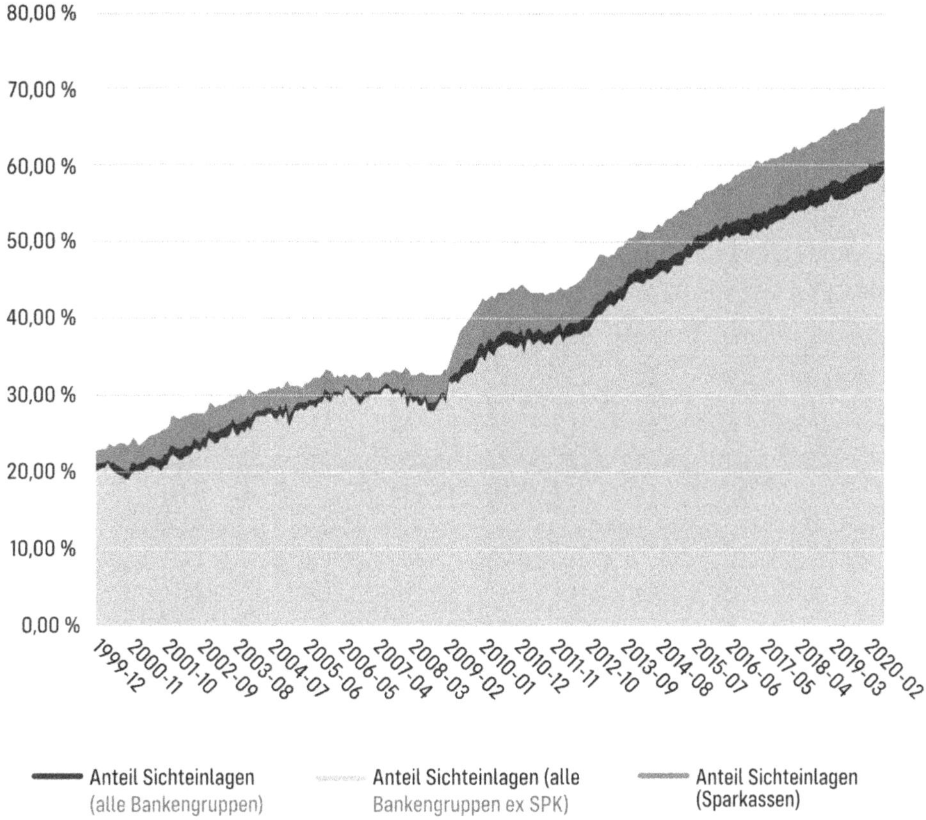

Da die Sichteinlagen ein wesentlicher Teil der Refinanzierung von Banken darstellt, stellen sie damit mittelbar die Finanzierungsquelle des Mittelstandes dar.

Bedauerlicherweise hat die Sichteinlage zwei ungünstige Eigenschaften für die Gesamtbanksteuerung und insbesondere der Zinsrisikosteuerung. Zum Einen ist sie täglich fällig und kann jederzeit vom Kunden zurückgefordert werden, zum Anderen beeinflusst sie mit der Zinsbindung erheblich das wirtschaftliche Ergebnis der Banken.

21 Eigene Berechnung, Datengrundlage: regelmäßige Berichterstattung der Deutschen Bundesbank (Statistisches Beiheft, Zeitreihen: BBK01.OU0191, BBK01.OU0192, BBK01.OU1813, BBK01.OU1815).

3.2 Bedeutung des Zinsüberschusses für die Stabilität des Bankensektors

Ein wesentlicher Ertragsbaustein für das Gesamtergebnis von Genossenschaftsbanken und Sparkassen ist die Höhe des Zinsüberschusses. Dieses wird u.a. deutlich durch die Betrachtung der Ertragsverteilung im Sparkassensektor. Die Schwankungsbreite des relativen Anteils des Zinsüberschusses am Jahresergebnis aus Zins- und Provisionseinnahmen (siehe Tabelle 1) beträgt in den Jahren 2000 bis 2018 zwischen 73,21 und 82,93 %.

Tabelle 1

Anteil Zinsüberschuss am Jahresergebnisbeitrag[22]

2000	2001	2002	2003	2004	2005	2006	2007	2008	
80,90 %	82,01 %	82,93 %	81,91 %	80,76 %	80,42 %	79,36 %	77,44 %	77,82 %	
2009	**2010**	**2011**	**2012**	**2013**	**2014**	**2015**	**2016**	**2017**	**2018**
79,48 %	79,42 %	79,50 %	79,10 %	78,65 %	78,28 %	77,44 %	76,56 %	74,50 %	73,21 %

Abbildung 4 veranschaulicht die Entwicklung (der Sparkassen im Aggregat) von Zinsaufwand, Zinsertrag und Zinsüberschuss in Relation zur Bilanzsumme. Der Entwicklung der Zinsertrags- und Aufwandsströme in Abbildung 5 lässt sich entnehmen, dass sich ein Rückgang der Zinsergebnisbeiträge empfindlich auf die Gesamtertragssituation der Sparkassen auswirkt, da die Ertragssituation nach Kosten und vor Wertberichtigungen unterhalb von einem Prozent (in Relation zur Bilanzsumme) liegt und der relative Anteil des Zinsüberschusses am Bruttoerlös (Zinsüberschuss zuzüglich Provisionsüberschuss) ausgeprägt ist.

22 Eigene Berechnung, Datenquelle: regelmäßige Berichterstattung der Deutschen Bundesbank (Monatsberichte).

Abbildung 4

Entwicklung Zinsaufwand, Zinsertrag und Zinsüberschuss[23]

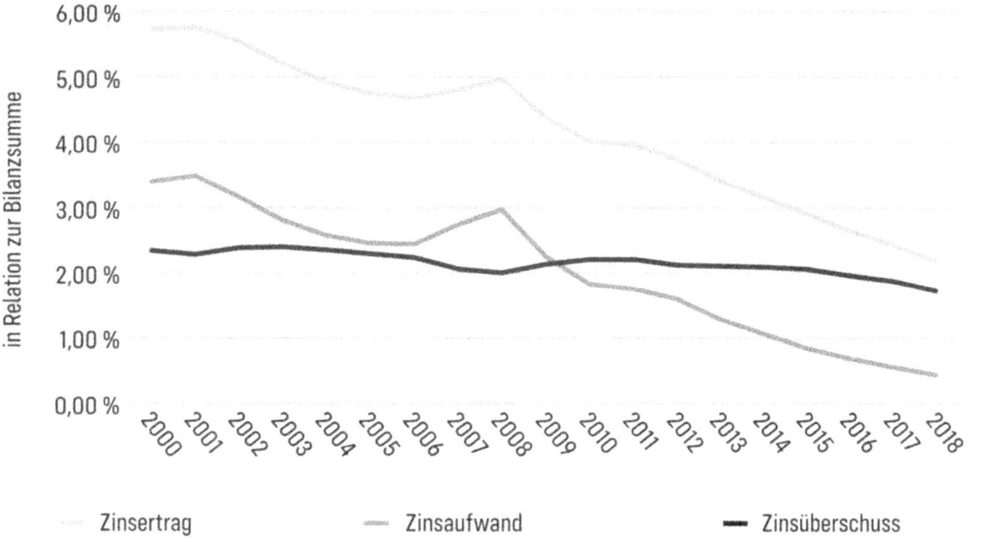

Die Abbildung 5 zeigt den (noch) relativ stabilen Verlauf der Zinsspanne. Die Höhe des Zinsaufwands hat sich ebenso wie die Höhe des Zinsertrags deutlich reduziert. Die Verschiebung der Zinsbindungen bei den Kundeneinlagen (Produktmix) zu kurzfristigeren Zinsbindungen hat vermutlich dazu geführt, dass bei sinkenden Zinsen eine höhere Anpassungsgeschwindigkeit der Passiva (im Gegensatz zur Aktiva) vorgelegen hat. Ausgehend von der Entwicklung bis 2018 ist das weitere Potenzial für einen Rückgang im Zinsaufwand der Passiva geringer als das der Aktiva. Ursächlich hierfür ist, dass der Durchschnittszins der Kundenpassiva deutlich näher an der Hürde der Null-Prozent-Linie liegt als derjenige der Aktiva. Dem folgend ist von einer Reduzierung der Zinsergebnisse auszugehen, solange die Zinsgrenze von 0% nicht für große Teile des Depositengeschäfts durchbrochen und an die Situation an den Geld- und Kapitalmärkten angepasst wird. Die daraus resultierende geringere Risikotragfähigkeit steht den potentiell zunehmenden Kreditausfällen durch die Coronapandemie entgegen.

23 Eigene Darstellung, Datenquelle: regelmäßige Berichterstattung der Deutschen Bundesbank (Monatsberichte).

Abbildung 5

Entwicklung Erlösströme und Verwaltungsaufwendungen[24]

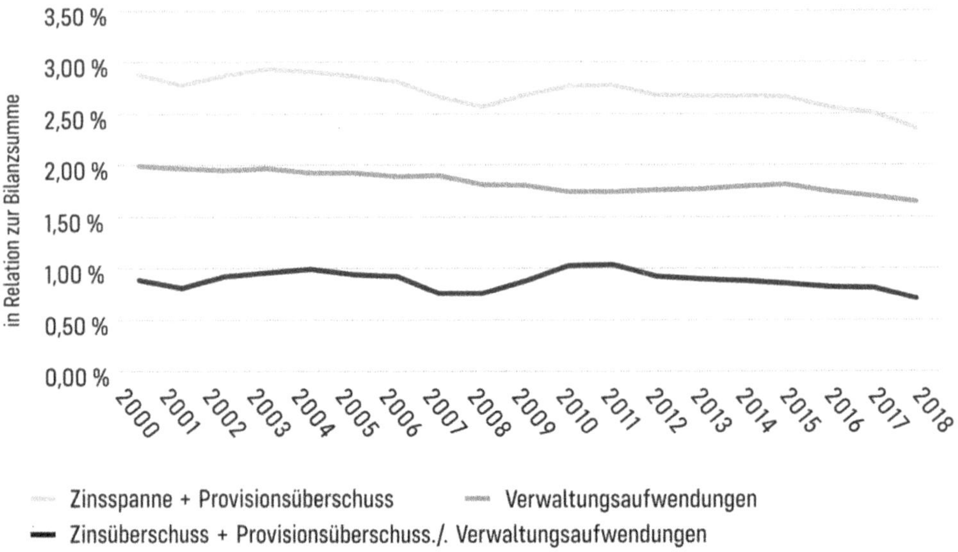

Das exemplarische bilanzielle Ergebnis aus Bewertung ist in den Geschäftsjahren 2011 bis 2017 im Durchschnitt aller Sparkassen (in v. H. der durchschnittlichen Bilanzsumme) durch einen positiven Beitrag gekennzeichnet.[25] Die Sichtweise zu den potenziellen Risiken aus Bewertungsergebnissen könnten daher – aufgrund der in der jüngsten Vergangenheit wahrgenommenen geringen Bedeutung – bisher eine untergeordnete Relevanz haben. In den vorhergehenden Geschäftsjahren (insbesondere vor 2011) sind negative Bewertungsergebnisse jedoch ein relativ ausgeprägter Teil des Gesamtergebnisses (siehe Abbildung 6). So haben die durchschnittlichen Bewertungsergebnisse in Prozent der durchschnittlichen Bilanzsumme z. B. in den Jahren 2000 bis 2010 im Mittel –0,50 Prozent betragen.[26] Die Coronavirus-Pandemie wird im Bankensektor vermutlich dazu führen, dass die aufgebauten Reserven für die Kompensation der Kreditausfälle benötigt werden.[27] Eine Prognose von Bain & Company im Jahr 2020 beinhaltet bereits einen Anstieg der Kreditrisikovorsorge um 150 % (Bandbreite 50 bis 150 Prozent).[28]

---

24 Eigene Darstellung, Datenquelle: Deutsche Bundesbank (2005), Deutsche Bundesbank (2012), Deutsche Bundensbank (2018c).

25 Vgl. Bundesbank (2018d), S. 58.

26 Vgl. regelmäßige Berichterstattung der Bundesbank.

27 Sparkassenverband Baden-Württemberg (2020), S. 1.

28 Vgl. Graf/Huber (2020).

Abbildung 6

Bewertungsergebnis in Relation zur BS[29]

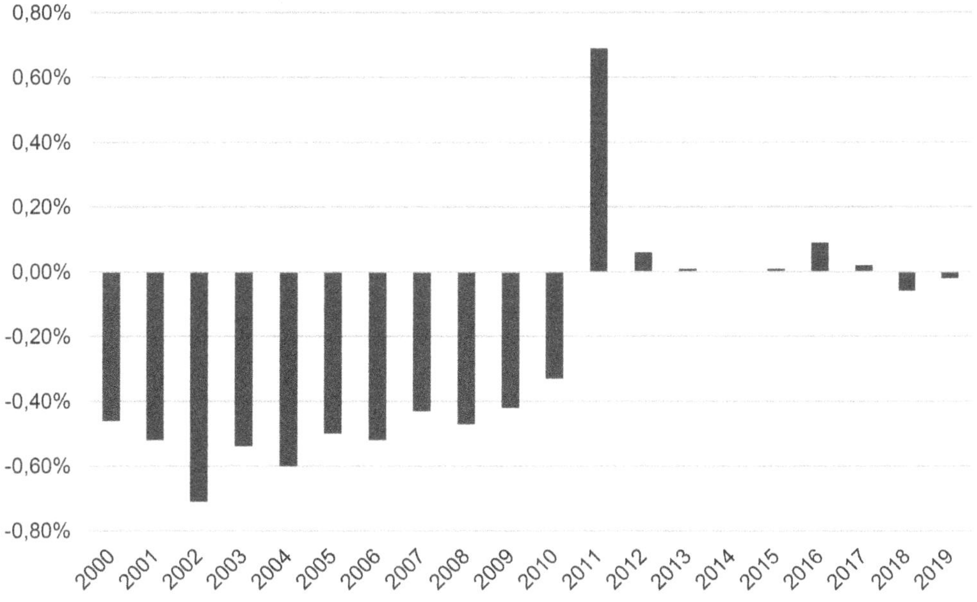

3.3 Wirkung negativer Zinssätze

Negative Zinssätze sind für den Privatanleger eine besondere Herausforderung im Anlageverhalten. Der grundsätzliche Anreiz mit zunehmender Laufzeit einen höheren Zins zu realisieren wird beeinflusst von seinen Alternativen im klassischen Einlagengeschäft der Banken. Hintergrund ist, dass der erste Teil der Zinsstrukturkurve (kurze Laufzeit) für den Privatkunden (durch das potentielle Konditionsverhalten der Sparkassen und Banken) nicht z. B. –0,40 %, sondern 0,00 % sein kann. Daraus resultiert, dass der Anleger keinen ökonomischen Anreiz hat den Spreads der Zinsstrukturkurve der teils börsengehandelten Geld- und Kapitalmärkte zu nutzen. Abbildung 7 zeigt den Verlauf des 10-Jahres-Swapsatzes als Repräsentant für den langfristigen Zins sowie die Entwicklung des 6-Monats-Euribor als Betrachtungsgröße für den kurzfristigen Zins. Die schwarzen Flächen verdeutlichen das jeweilige nutzbare Potenzial des Zinsspreads. Grundannahme der Abbildung ist, dass die Einlegerkondition eine Zinsuntergrenze von Null Prozent hat.

29 Eigene Darstellung, in Relation zur durchschnittlichen Bilanzsumme, Daten: Deutsche Bundesbank (2020), S. 161.

Abbildung 7

Verlauf 10-Jahres-Swapsatz (schwarz) und 6-Monats-Euribor (grau)[30]

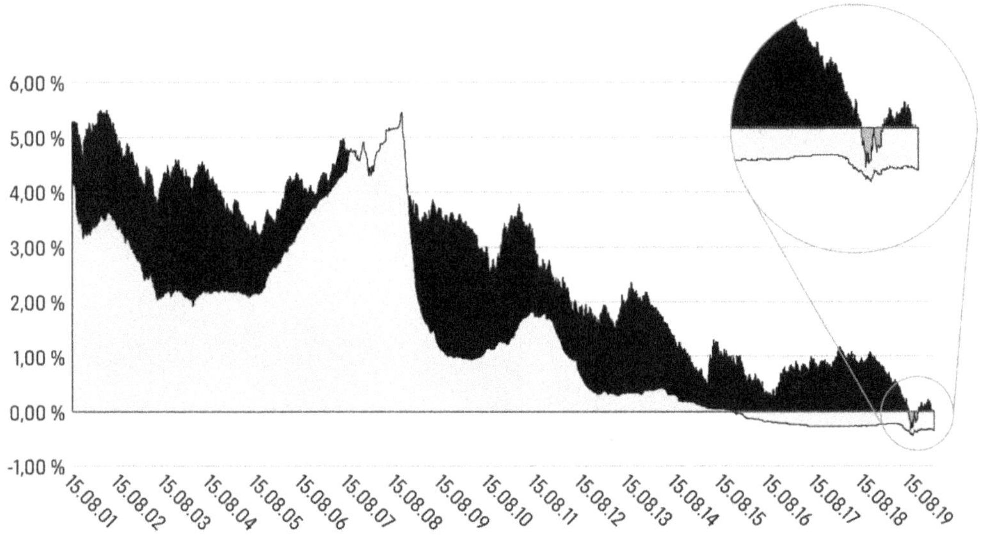

Würde der Privatkunde anstatt einer Einlage bei der Bank (mit entsprechender Einlagen- bzw. Institutssicherung) am Kapitalmarkt eine andere Anlageform wählen, müsste er vermutlich eine Kapital- und Zinsbindung von mehreren Jahren akzeptieren um einen positiven Zins zu realisieren. Demnach verwundert die deutliche Zunahme der Sichteinlagen aus ökonomischer Sicht nicht.

Abbildung 8 zeigt exemplarisch, wie hoch der Anteil der Sichteinlagen an den gesamten Einlagen der Sparkassen gewesen ist und welche Umlaufrendite bei entsprechendem Volumen vorgelegen hat. Die Regressionsanalyse verdeutlicht eine mutmaßliche Abhängigkeit des Anteils der Sichteinlagen an den Gesamteinlagen in Abhängigkeit vom Zins.

30 Eigene Darstellung, Daten: Bloomberg (EUSA6M, EUSA10).

Abbildung 8

Sichteinlagen in Abhängigkeit der Umlaufrendite[31]

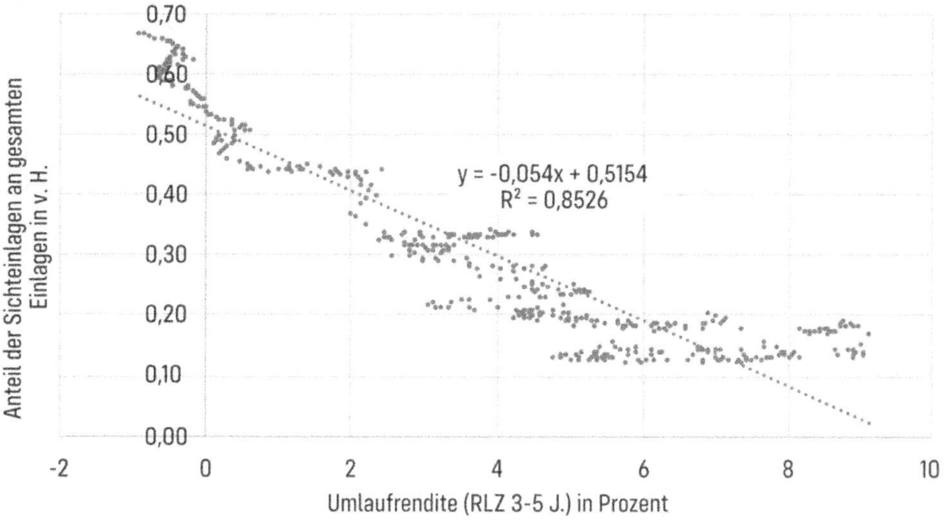

Das Gütemaß der linearen Regression (R^2 = 0,8526) lässt vermuten, dass die Umlaufrendite grundsätzlich ein potenzieller Einflussparameter ist, um den Anteil der Sichteinlagen an den Gesamteinlagen zu ermitteln.

Abbildung 9 zeigt zur weiteren Veranschaulichung die Entwicklung der Umlaufrendite und des relativen Anteils der Sichteinlagen an den Gesamteinlagen in Prozent.

Der Privatkunde der Bank hat, sofern keine negativen Zinssätze an ihn weitergeben werden, im Ergebnis seinen Mindestzins für die Sichteinlage auf 0,00 % abgesichert und die Option, bei steigenden Zinsen (mit gegebenenfalls einer kurzen Vorlaufzeit) die Einlagen umzuschichten und das höhere Zinsniveau zu nutzen. Er hat also das Recht auf Null Prozent und die Chance auf einen höheren Zins. Vor dem Hintergrund, dass die Kreditvergabe überwiegend auf einen langfristigen Zins beruht, erwächst hieraus ein erhebliches Risiko für die Sparkasse. Dieses kann zum Einen in einem Liquiditätsabzug münden und zum Anderen in einem deutlichen Aufwandsanstieg aufgrund von steigenden Zinsen. Beides würde einem der Hauptfinanzierer des deutschen Mittelstandes mehr Schaden als die Folgen der Coronapandemie zufügen.

31 Eigene Berechnung, Datengrundlage: regelmäßige Berichterstattung der Deutschen Bundesbank (Zeitreihen: BBK01.WU9552, BBK01.OU1815).

Abbildung 9

Umlaufrendite und Sichteinlagen an Gesamtkundeneinlagen[32]

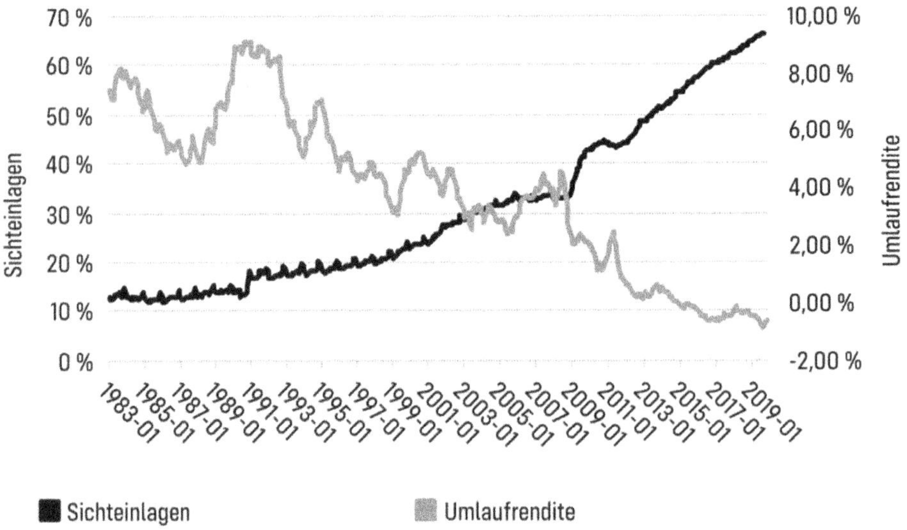

Literaturverzeichnis

— Bankenverband (2020a): Zahlen, Daten, Fakten, Internetpublikation: https://bankenverband.de/statistik/banken-deutschland/ (25. 09. 2020).

— Bankenverband (2020b): Statistik Service des Bankenverbandes, Internetpublikation: https://bankenverband.de/statistik/banken-deutschland/kreditgeschaeft/#chart-25 (25. 09. 2020).

— Blum, Ulrich und Hans-Peter Burghof (2012): Transparente Systemik: Trennbankensystem, Internetpublikation, https://www.econstor.eu/bitstream/10419/68420/1/733553036.pdf (26. 09. 2020).

— Deutsche Bundesbank (2018): Bankenstatistik Januar 2018, Internetpublikation, https://www.bundesbank.de/Redaktion/DE/Downloads/Veroeffentlichungen/Statistische_Beihefte_1/2018/2018_07_bankenstatistik.pdf?__blob=publicationFile (05. 08. 2018).

— Deutsche Bundesbank (2019): Die Banken in Deutschland, Internetpublikation: https://www.bundesbank.de/de/service/schule-und-bildung/schuelerbuch-geld-und-geldpolitik-digital/die-banken-in-deutschland-613922#tar-3 (15. 06. 2019).

— Deutsche Bundesbank (2020c): Bankenstatistiken September 2020, Internetpublikation, https://www.bundesbank.de/resource/blob/844904/2b980c6023ca1ea3752fcb4bc28b9237/mL/2020-09-22-11-59-44-bankenstatistiken-data.pdf (17. 07. 2021).

32 Eigene Berechnung, Datengrundlage: regelmäßige Berichterstattung der Deutschen Bundesbank (Zeitreihen: BBK01.WU9552, BBK01.OU1815).

- DSGV (2020): Geschäftsentwicklung der 377 Sparkassen, Eigene Erhebung des DSGV, Abt. A II Volkswirtschaft, Finanzmärkte und Wirtschaftspolitik.
- Eim, Alexander (2004): Das Drei-Säulen-System der deutschen Kreditwirtschaft unter besonderer Berücksichtigung des Genossenschaftlichen Finanzverbundes, Internetpublikation, https://www.econstor.eu/bitstream/10419/55819/1/503692026.pdf (25.09.2020).
- Graf, Christian und Jan-Alexander Huber (2020): Hohe Kreditausfälle bedrohen die Profitabilität im Corporate-Banking, Internetpublikation, Bain & Campnay (Hrsg.) (28.07.2020).
- Haas, Heide und Michael Voigtländer (2014): Transparenz statt Deckelung. Internetpublikation https://www.iwkoeln.de/studien/iw-policy-papers/beitrag/heide-haas-michael-voigtla ender-transparenz-statt-deckelung-186242.html (15.07.2020).
- Hartmann-Wendels, Thomas, Andreas Pfingsten und Martin Weber (2015): Bankbetriebslehre, 6. Aufl., Berlin Heidelberg.
- Holtmann, Claus Friedrich (2013): Ostdeutsche Sparkassen – leistungsstark und kundennah, Börsen-Zeitung, Nr. 78, Seite 5.
- Hüther, Michael, Michael Voigtländer, Heide Haas und Philipp Deschermeier (2015): Die Bedeutung der Langfristfinanzierung durch Banken. Internetpublikation, https://www.iwko eln.de/fileadmin/publikationen/2015/206811/Langfristfinanzierung_Analysen_Nr101.pdf (01.05.2019).
- Investitionsbank Schleswig Holstein (2020): Die Förderinstitute der Bundesländer, Internetpublikation, https://www.investitionsbank.info (25.09.2020).
- Picker, Maik (2012): Strategische Fristen- und Währungstransformation – Analyse der Erfolgs- und Risikotreiber. Band 61 der zeb/Schriftreihe, Hrsg.: Rolfes, B./Schierenbeck, H., Frankfurt am Main.
- Sparkassenverband Baden-Württemberg (2020): Coronavirus-Pandemie. Sparkassen unterstützen ihre Kunden in der Krise, Sparkassen-Ticker, Nr. 23, Seite 1–32.
- Wagner, Adolph (1857): Beiträge zur Lehre von Banken, Leipzig. Aus dem Neudruck Frankfurt am Main 1977.

DIE AUTORINNEN UND AUTOREN

Andreas Bley, Dr., ist Chefvolkswirt und leitet die Abteilung Volkswirtschaft/Mittelstandspolitik beim Bundesverband der Deutschen Volksbanken und Raiffeisenbanken (BVR) in Berlin. Dort ist er unter anderem für die Analyse und Prognose konjunktureller Entwicklungen und der Finanzmärkte sowie für Fragen der Geldpolitik und der Mittelstandspolitik zuständig. Vor der Tätigkeit beim BVR war er von 1997 bis 2001 bei der Landeszentralbank in Berlin und Brandenburg, Hauptverwaltung der Deutschen Bundesbank, in Berlin tätig. Seine Promotion zu einem arbeitsmarkttheoretischen Thema hat er 1999 an der Freien Universität Berlin abgeschlossen, wo er von 1993 bis 1997 als wissenschaftlicher Mitarbeiter am Institut für Wirtschaftstheorie beschäftigt war.

Horst Gischer, Prof. Dr., leitet den Lehrstuhl für Lehrstuhl für Monetäre Ökonomie und öffentlich-rechtliche Finanzwirtschaft an der Otto-von-Guericke-Universität Magdeburg. Er ist zudem Geschäftsführender Direktor des Forschungszentrums für Sparkassenentwicklung e.V. (FZSE). Seine Forschungsschwerpunkte betreffen u.a. die Empirische Industrieökonomik sowie die Analyse von Finanz- und Bankenmärkten.

Bernhard Herz, Prof. Dr., ist Professor für Volkswirtschaftslehre an der Universität Bayreuth und Geschäftsführer der Forschungsstelle Bankrecht und Bankpolitik. Seine Forschungsinteressen liegen im Bereich internationale Wirtschaftsbeziehungen und Geld sowie internationale Bankensysteme.

Christoph Kaserer, Prof. Dr., ist Inhaber des Lehrstuhls für Finanzmanagement und Kapitalmärkte an der Technischen Universität München. Nach dem Abschluss eines Studiums der Volkswirtschaftslehre an der Universität Wien promovierte er im Bereich Bankbetriebslehre und Unternehmensfinanzierung an der Universität Würzburg im Jahr 1992. Nach der Habilitation ebendort wurde er im Jahr 1999 auf eine Professur für Finanzmanagement und Rechnungswesen an die Université de Fribourg (Schweiz) berufen. 2002 folge er einem Ruf an die Technische Universität München. Dort war er auch von 2005 bis 2010 Dekan der Fakultät für Wirtschaftswissenschaften. Seine Forschungsschwerpunkte liegen im Bereich der empirischen Kapitalmarktforschung und Finanzintermediation. Seit 2016 ist er Mitglied der Group of Economic Advisors der European Securities Markets Authority.

Friederike (Fritzi) Köhler-Geib, Dr., ist Chefvolkswirtin und Leiterin der Abteilung KfW Research der KfW Bankengruppe. Zuvor war sie mehr als zehn Jahre bei der Weltbank in Washington tätig, zuletzt als Lead Economist und Programme Leader für Zentralamerika. Ihre wissenschaftliche Ausbildung absolvierte sie in den USA, Frankreich, Deutschland, Spanien und der Schweiz. Als Chefvolkswirtin der KfW analysiert sie die für die KfW relevanten Trends in Wirtschaft, Gesellschaft sowie auf den Finanzmärkten und setzt Impulse in der wirtschafts- und finanzpolitischen Diskussion. Inhaltliche Schwerpunkte ihrer Arbeit liegen auf der Analyse von konjunkturellen Entwicklungen und Wachstumstrends in Deutschland. Besonders im Fokus stehen die Lage des Mittelstands, die Rolle von Innovation und Digitalisierung zur Steigerung der Wettbewerbsfähigkeit sowie Fragestellungen rund um das Ziel des klimaneutralen Wirtschaftens. Dr. Fritzi Köhler-Geib beschäftigt sich darüber hinaus mit Fragen der wirtschaftspolitischen Verknüpfungen Deutschlands mit Europa und der Welt.

Matthias Kowallik leitet die Abteilung Institutionelle Kunden – Sparkassen & Finanzinstitute bei der DekaBank. Herr Kowallik begann nach seinem Studium der Betriebswirtschaft in Münster seine berufliche Laufbahn 1998 bei der Oldenburgischen Landesbank AG. Nach verschiedenen Stationen im Kapitalmarktvertrieb der DZ BANK AG leitete er dort bis 2007 das Sales-Consulting Regionalbanken/Sparkassen, gefolgt von seiner Tätigkeit als Leiter Sparkassen/Regionalbanken bei der HSH Nordbank AG. Herr Kowallik ist seit Dezember 2010 bei der DekaBank und verantwortet das gesamte Institutionelle Kundenkapitalmarktgeschäft und den Asset-Management Vertrieb für Sparkassen & Banken.

Martin Micheli, Dr., ist Referent in der Abteilung Volkswirtschaft/Mittelstandspolitik beim Bundesverband der Deutschen Volksbanken und Raiffeisenbanken (BVR) in Berlin. Vor der Tätigkeit beim BVR war er Wissenschaftler am RWI – Leibniz-Institut für Wirtschaftsforschung. Herr Micheli studierte Volkswirtschaftslehre an der Goethe-Universität Frankfurt und promovierte an der Ruhr-Universität Bochum.

Karl-Peter Schackmann-Fallis, Dr., ist seit November 2004 als geschäftsführendes Vorstandsmitglied des Deutschen Sparkassen- und Giroverbandes (DSGV) für den Bereich Wirtschaft, Politik und Banksteuerung zuständig. Zuvor war er mehrere Jahre als Finanz-Staatssekretär der Länder Brandenburg und Sachsen-Anhalt tätig. Der promovierte Volkswirt startete seine Karriere im Bundeswirtschaftsministerium. Neben seiner Vorstandstätigkeit begleitet Dr. Schackmann-Fallis zahlreiche Mandate. So ist er unter anderem Vorsitzender des Aufsichtsrates der S-Rating GmbH, Geschäftsführer des Sicherungssystems der Sparkassen-Finanzgruppe und seit 2004 Mitglied im Fachbeirat der Bundesanstalt für Finanzdienstleistungsaufsicht (BaFin). Des Weiteren ist er Mitglied in der Trägerversammlung und im Verwaltungsrat sowie im Risiko- und Kreditausschuss der Landesbank Hessen-Thüringen.

Dorothea Schäfer, Prof. Dr., ist Forschungsdirektorin Finanzmärkte am DIW Berlin, außerordentliche Professorin an der Jönköping University/Jönköping International Business School, Editor-in-Chief of Eurasian Economic Review, Chefredakteurin der DIW Vierteljahrshefte zur Wirtschaftsforschung, derzeit intensiv an dem EU-Projekt XPRESS (https://www.xpress-h2020.eu/) arbeitend. Sie promovierte und habilitierte an der FU Berlin. Schäfer war Leiterin verschiedener Forschungsprojekte, die u. a. gefördert von der Deutschen Forschungsgemeinschaft (DFG) und der Fördereinrichtung des Deutschen Sparkassen- und Giroverbands. Publiziert hat Schäfer im Journal of Institutional Economics, International Journal of Money and Finance, European Journal of Finance, Small Business Economics, Journal of Financial Stability, Journal of Institutional and Theoretical Economics und vielen anderen Zeitschriften. Sie war Sachverständige u. a. für den Finanzausschuss des Deutschen Bundestages und die Kommission zur Überprüfung der Finanzierung des Atomausstiegs.

André Sonntag, Dr. rer. pol., ist Referent für statistische Analysen des Finanz- und Bankensektors sowie für statistische Analysen der Landesbanken im Deutschen Sparkassen- und Giroverband. Zuvor war der Dipl.-Volkswirt als wissenschaftlicher Mitarbeiter an der Friedrich-Schiller-Universität Jena tätig. Dort forschte und lehrte er im Bereich der Innovations- und Evolutionsökonomik und promovierte zum Thema der Transformation Ostdeutschlands.

Volker Zimmermann, Dr., ist langjähriger Mitarbeiter von KfW Research, der volkswirtschaftlichen Abteilung der KfW Bankengruppe. Er studierte Volkswirtschaftslehre an der Universität Konstanz, wo er im Jahr 1999 auch promovierte. Vor Eintritt in die KfW war er wissenschaftlicher Mitarbeiter am Leibnitz-Zentrum für Europäische Wirtschaftsforschung (ZEW) in Mannheim. Bei KfW Research liegen seine Tätigkeitsschwerpunkte auf der Analyse von mittelständischen Unternehmen, insbesondere deren Finanzierung sowie deren Innovations- und Digitalisierungsaktivitäten.

HINWEISE FÜR AUTORINNEN UND AUTOREN DER VIERTELJAHRSHEFTE

Die Vierteljahrshefte zur Wirtschaftsforschung sind die älteste Publikation des DIW Berlin, sie erscheinen bereits seit 1926. Angesammeltes ForscherInnen- und ExpertInnenwissen wird auf wirtschaftspolitische Probleme angewandt. Das DIW Vierteljahrsheft bringt Praktikerinnen und Praktiker aus Wirtschaft und Politik mit Wissenschaftlerinnen und Wissenschaftlern am DIW Berlin und weit darüber hinaus zusammen. Jedes Heft greift ein aktuelles Thema aus der Wirtschaftspolitik auf. So bietet die Zeitschrift wichtige Orientierungshilfe zu komplexen wirtschaftspolitischen Themen und zeigt neue Perspektiven und Lösungsvorschläge auf.

Alle Beiträge werden begutachtet. Die Themen der nächsten Schwerpunkthefte und ausführliche Hinweise für Autorinnen und Autoren können der DIW-Internetseite entnommen werden (www.diw.de). Beiträge sind an die Redaktion und an die Heftverantwortlichen einzusenden. Berücksichtigt werden nur Originalbeiträge, die im Falle der Annahme auch tatsächlich zur Veröffentlichung in den Vierteljahrsheften zur Verfügung stehen.

Die Beiträge können in deutscher und in englischer Sprache eingereicht werden. Eine Zusammenfassung des Beitrags ist in deutscher und in englischer Sprache gesondert zu erstellen. Diese soll jeweils nicht mehr als 150 Wörter umfassen. Außerdem müssen dem Manuskript mindestens drei Begriffe der JEL-Klassifikation (www.aeaweb.org/journal/jel_class_system.html) und mindestens drei englischsprachige Keywords beigefügt werden. Neben dem Regelfall des deutschsprachigen Heftes sind auch Vierteljahrshefte in englischer Sprache möglich, wenn die Themenstellung dies nahelegt. Vierteljahrshefte mit sowohl deutsch- als auch englischsprachigen Beiträgen sind ebenfalls möglich.

Das Manuskript ist in Schriftgröße 12 pt im Zeilenabstand von 1,5 zu erstellen und mit einem linken und rechten Rand von 2,5 cm zu versehen. Der Umfang des Manuskripts sollte 15 Seiten (circa 30 000 Zeichen, ohne Tabellen und Abbildungen) nicht überschreiten. Die Zitierweise ist den Aufsätzen des Vierteljahrsheftes zu entnehmen.

Der Textteil ist in MS Word zu liefern. Tabellen und Abbildungen sind als separate Dateien zu liefern (Tabellen in MS Excel, Abbildungen zusammen mit den zugrunde liegenden Daten – entweder ebenfalls in Excel oder einem anderen gängigen Vektor-Grafikformat, vorzugsweise eps). Alle Abbildungen müssen in Graustufen (s/w) und in reproduktionsfähiger Form vorliegen (Bilder mit mind. 300 dpi. Abbildungen mit grafischen Elementen, z.B. mit Text oder Linien, mind. 600 dpi). Die Stellen, an denen sie im Text erscheinen sollen, müssen im Manuskript markiert werden. Die maximale Breite von Tabellen und Abbildungen beträgt 12,6 cm. Bei Tabellen die Zeilen- und Spaltenmerkmale bitte übersichtlich aufteilen. Anmerkungen und Fußnoten sowie Quellenangabe(n) bitte unter dem Tabellenfeld beziehungsweise der Grafik positionieren.

Wichtiger Hinweis: Falls Sie Abbildungen oder Ähnliches aus dem Internet entnehmen, bitten wir um Mitlieferung einer Kopie der Druckgenehmigung. Auch hier ist auf eine entsprechende Auflösung (s.o., nicht interpoliert) zu achten.

Für die im Vierteljahrsheft erscheinenden Artikel gilt eine einjährige Sperrfrist, erst danach sind die Artikel frei zugänglich